# モノづくりのための特許の基礎知識

**弁理士・工学博士・MSc 並川 啓志 著**

発明推進協会

## まえがき

　わが国は天然資源や食料が乏しく、多くの物資を外国からの輸入に頼っています。これまでは自動車や電気製品の輸出で外貨を稼ぐことができました。しかし、近年は近隣諸国の競争力が格段に上がってきました。これから先はどうなるのでしょうか。

　わが国で頼りにできるものは、人間の能力、特に、人間の知的創作力だけです。

　わが国産業の国際競争力の強化を図るためには、われわれ日本人の知的創作力により先見性のある発明、考案、意匠、商標、ソフトウエアなどの知的財産を創出し、それらを戦略的に活用することが強く求められます。イノベーションの重要性が叫ばれるわけです。

　最近、ご自分の職業能力の幅をひろげキャリア・アップするために、また弁理士試験の準備のために、特許の勉強を始めたいと思っている方々が沢山おられます。

　しかし、いざ特許の勉強を始めようとして入門本などをみても、なんだか難しく、机の上に置いておくだけになっている方々も多いようです。特に技術系の方々は、敷居が高いと感じておられるようです。

　そこで、このような方々のために、特許制度が企業活動のなかでどのように活用されるのかわかりやすく解説してみました。

　私は、特に次の点に留意して書いたつもりです。法律上の正確さを多少犠牲にしても、①できるだけ平易な言葉をつかい、わかりやすく説明すること、②この本をコンパクトにまとめ、最後まで読み終わり達成感がもてるものにすること、③特許制度の基本的な事項はキチンと入っていること、④また、説明をわかり易くするために、先生の一方的な講義ではなく、先生と専門の異なる生徒3人との質疑応答のなかで講義が進行するかたちをとりました。

そして、巻末には、勉強の成果を実際に応用できるように、実務的な問題に関しての質疑応答をつけておきました。この部分は、すぐに役立つと考えています。

　この本は、就職前の大学生の方々にとっても、特許の入門書として役立つのではないかと考えております。

　本書の出版にあたっては、本書の発行元であります一般社団法人発明推進協会出版チームの城水毅氏に多大なるご尽力をいただきました。
　この場をお借りして厚く御礼申し上げます。

2015年2月
弁理士・工学博士・Msc
並川　啓志

# 目　次

第1章　知的財産権とは ……………………………………………………… 1
　　　　　知的財産権にはどんなものがあるのか

第2章　知的財産権の重要性 ………………………………………………… 4
　　　ヴェネツィアの制度 ………………………………………………… 6
　　　　　あのガリレオ・ガリレイも特許を持っていた
　　　アメリカでは ………………………………………………………… 7
　　　　　特許庁初代長官はジェファーソン（後の大統領）である

第3章　わが国の特許制度 …………………………………………………… 9
　　　　　最初の特許条例を起草したのは高橋是清（後の総理大臣）である

第4章　発明の保護と利用 …………………………………………………… 15
　　　産業立法 ……………………………………………………………… 15
　　　　　特許制度は発明を保護し、利用を図るもの
　　　発明の公開 …………………………………………………………… 15
　　　　　全ての特許出願は1年6ヶ月後に公開される
　　　補償金請求権 ………………………………………………………… 17
　　　　　発明公開の代償として補償金がもらえる

第5章　独占禁止法との関係 ………………………………………………… 19
　　　アンチ・パテントとプロ・パテント ……………………………… 21
　　　　　時代よって特許政策が変わる

第6章　特許権とは …………………………………………………………… 22
　　　特許権者 ……………………………………………………………… 24
　　　　　発明者でなくても特許権者になれる

業として……………………………………………………………… 25
　　家庭内での実施は特許権侵害にならない

特許発明……………………………………………………………… 25
　　特許される発明は自然法則を利用したものに限られる

発明の実施…………………………………………………………… 27
　　製品の特許のほうが製法の特許よりも価値がある

専有する……………………………………………………………… 32
　　特許権は他人の侵入をこばむ独自の領土のようなものである

特許権の排他性……………………………………………………… 34
　　特許権は他人を排除する権利である

環境技術に関する特許……………………………………………… 36
　　環境技術の特許権をタダで使わせろというのは無理な話

存続期間……………………………………………………………… 37
　　特許権には寿命がある

ジェネリック医薬品………………………………………………… 38
　　特許権が切れてから活躍する薬もある

特許料………………………………………………………………… 39
　　特許権を維持するためには年金を支払わねばならない

特許権者の保護……………………………………………………… 39
　　特許権者は、特許権侵害を差止めること、損害賠償金を請求することができる

## 第7章　特許要件 …………………………………………………… 41
　　発明であれば何でもよいというわけではない

産業上利用可能性…………………………………………………… 41
　　医者の医療方法などは特許されない

新規性………………………………………………………………… 41
　　一般人が知っている発明は特許されない

公知とは……………………………………………………………… 44
　　秘密保持義務のない人が知っている状態

　　　　進歩性 …………………………………………………………………… 47
　　　　　　容易に思いつくようなものは特許されない
　　　　先願性 …………………………………………………………………… 51
　　　　　　特許庁に先に出願した者が勝つ
　　　　明細書の記載要件 ……………………………………………………… 54
　　　　　　出願書類には発明を詳しく記載しなければならない
　　　　特許請求の範囲 ………………………………………………………… 55
　　　　　　特許権の権利範囲を示すものである

第8章　審査と特許異議の申立て …………………………………………… 60
　　　　　　特許要件について審査官が審査する
　　　　　　誰でも特許異議の申立てができる

第9章　特許権の制限 ………………………………………………………… 63
　　　　権利の濫用 ……………………………………………………………… 63
　　　　　　特許権を持っていても、使えない場合がある
　　　　無効審判 ………………………………………………………………… 64
　　　　　　いったん成立した特許権が無効になることもある
　　　　効力が及ばない範囲 …………………………………………………… 68
　　　　　　ほかにも特許権を使えない場合がある
　　　　試験、研究のための実施 ……………………………………………… 68
　　　　　　特許権が試験研究を邪魔することはない
　　　　出願の時から日本国内にあるもの …………………………………… 69
　　　　　　もともとあったものに特許権は及ばない

第10章　利用関係 ……………………………………………………………… 70
　　　　　　自分の特許発明を実施しても、先行する他人の特許権を侵害する
　　　　　　場合がある

## 第11章　実施権（ライセンス）　…………………………………………… 74
他人の特許発明を実施したいときには、実施権（ライセンス）をもらう必要がある

### 専用実施権 ………………………………………………………………… 75
自分だけが実施できる実施権

### 通常実施権 ………………………………………………………………… 77
複数の者が実施できる実施権

### 法定実施権 ………………………………………………………………… 78
特許法の規定により与えられる実施権

### 職務発明につき発生する通常実施権 ………………………………… 78
会社員が自分で特許権をとったときに会社が実施する権利

### 先使用権による通常実施権 …………………………………………… 79
特許出願前から実施していたときに、主張できる実施権

## 第12章　職務発明 ………………………………………………………… 83
会社員が仕事の上で発明したときのご褒美をどうするか

## 第13章　外国出願 ………………………………………………………… 87
日本で出願しただけでは、外国の特許権を取れない

### パリ条約ルート …………………………………………………………… 88
日本出願から1年以内に外国に出願できる

### PCTルート ………………………………………………………………… 89
日本出願のときに将来出願する外国を指定できる

## 第14章　特許権侵害に対する救済 ……………………………………… 91
特許権者は強い権利が与えられる

### 侵害か否か ………………………………………………………………… 91
他人の特許権を侵害しているか、否かの判断の仕方

間接侵害……………………………………………………………  93
　　　　　他人の特許権を直接侵害していなくても、特許権侵害とみなされ
　　　　　るケースがある
　　　差止請求権…………………………………………………………  94
　　　　　侵害している製品の製造販売を差し止めることができる
　　　損害賠償請求権……………………………………………………  96
　　　　　特許権を侵害した者から損害賠償金をとれる
　　　損害額の推定………………………………………………………  98
　　　　　損害賠償金の計算方法は色々ある
　　　侵害罪………………………………………………………………  99
　　　　　他人の特許権を侵害すると、5年以下の懲役に処せられることもある
　　　時効…………………………………………………………………  100
　　　　　損害賠償請求権は、知ったときから3年以内に行使しないと消滅する

## 第15章　実用新案法のあらまし …………………………………… 101
　　　考案（小発明）を保護する制度

## 第16章　意匠法のあらまし ………………………………………… 104
　　　商品のデザインを保護する制度

## 第17章　商標法のあらまし ………………………………………… 107
　　　商品に付するマークなどを保護する制度

## 第18章　不正競争防止法のあらまし ……………………………… 111
　　　ノウハウを保護する制度

## 第19章　著作権法のあらまし ……………………………………… 115
　　　著作物を保護する制度

## 質疑応答

質問1　発明を完成したのですが、特許をとるために、どのようなことをすればよいのか教えてください。……………………………… 121

質問2　出願書類を特許庁に提出してからの手続きはどうなるのですか教えて下さい……………………………………………………… 128

質問3　会社内で発明が生まれたとき、その発明を出願しないで秘密情報(ノウハウ)として管理すべきか、それとも特許出願すべきか、考え方を教えて下さい。……………………………………………… 135

質問4　自社の製品が他社の特許権を侵害しているといって警告状が来ました。どのような対応をするべきでしょうか？………………… 140

質問5　他社の邪魔な特許権を無効にする方法を教えてください。…… 144

質問6　特許情報の調査について教えてください。………………………… 152

質問7　会社で新設備を建設するときや、新製品を売りだすときの注意を教えてください。………………………………………………… 155

質問8　実施料の決め方について教えてください。………………………… 157

質問9　特許権とノウハウとの違いを説明してください。………………… 163

質問10　ノウハウの秘密保持契約について教えてください。…………… 167

質問11　ノウハウを外部に開示する際の留意点を教えてください。
…………………………………………………………………………… 173

質問12　共同研究を行う場合の留意点を教えてください。　……………180

質問13　共有特許権の留意点について教えてください。　………………186

質問14　大学との共有特許権について留意すべき点を教えてください…192

質問15　特許保証についてどういうものか教えてください。　…………194

質問16　中小企業の新製品開発に関して、特許との関連をふくめて留意点を教えてください。　………………………………………………199

索引　………………………………………………………………………205

著者略歴

## 講義のはじめに

　これから、モノづくりに関係する職場で働いている方々のために、特許の基礎的な知識を講義しようと思っていますが、そのやり方としては、先生が一方的に講義するのではなくて、講義を聴く方々からの質問も受けながら講義を進めたいと思います。

　以下の講義では、

受講者として東南大学工学部出身で、会社の技術開発部門に所属する技術屋のＡ君、

大和女子大学理学部出身で、会社の研究所の新製品研究グループに所属するＢさん、

南西大学法学部出身で、会社の新製品の営業を担当しているＣ君の三名が登場し、先生に対し納得できるまで質問します。

　この３名は、それぞれの大学の専攻や現在の職種の違いから、関心事項や

観点が異なるため色々の質問を発します。

**先生**

　先生は、できるだけ具体例をつかって説明してゆきます。読者の方々もこれにお付合いいただきたいと思います。

# 第1章　知的財産権とは

**先生**　「今日から皆様に特許制度の基本中の基本を講義してゆこうと思っています。しかも、この講義を聴く方々は、法律的な予備知識を全く持っていない方々でもよいと考えています。つまり、まったく白紙の状態の方々に特許制度の大切なところを分かりやすくお話してゆくつもりです。ですから、わからないところがあれば、恥ずかしがらず遠慮なく質問してください。

　ところで、最近は、特許権がどうのとか、知的財産権がどうのといった記事が新聞によくでてきます。そこで、特許権の説明に入る前に、知的財産権がどんなものか簡単に説明しておきましょう。知的財産権について知っている人はいますか。」

**A君**　「先生、最近新聞を見ていると、国際的な貿易交渉の議題として知的財産権という項目が入っていることが多いように思います。知的財産権が国際的な貿易交渉にも重要だと言うことだと思います。」

**先生**　「その通りですね。平成27年2月現在交渉されているTPP交渉においても、知的財産権が重要な議題となっています。

　ところでA君は、知的財産権にはどんなものがあるか知っていますか。」

**A君**　「特許権があります。そのほか商標権も。」

**先生**　「その通りです。知的財産権といえば、まず特許権がでてくるのは当然ですが、商標権も重要ですね。他にはどんなものがありますか。」

**Bさん**　「著作権なんかもその一つだと思います。」

**先生**　「その通りです。ここで知的財産権というのは、どのような権利なのか整理しておきましょう。

知的財産権には、人間の知的創作活動の結果生まれた成果、つまり発明、考案、意匠、著作物を保護する権利である特許権、実用新案権、意匠権、著作権があります。そのほか営業に関する識別標識である商標を保護する商標権等があります。」

**A君**　「もう少し具体的な説明をお願いします。」

**先生**　「人間の知的創作活動から生まれたものとしては、発明、考案、意匠、著作物などがありますが、発明を保護するのが特許権であります。そして考案、これは発明よりは少しレベルの低いもの、つまり小発明なのですが、これを保護するのが実用新案権です。
　意匠を保護するのが意匠権、著作物を保護するのが著作権です。」

**A君**　「発明にはどんなものがありますか。」

**先生**　「発明としては、古くはエジソン（アメリカの発明家、1847－1931）が発明した白熱電球、蓄音機などが有名です。今日、われわれの日常生活を支えている品物として自動車、テレビ、コンピュータ、化学繊維、医薬品など様々なものがありますが、これらは沢山の発明からできています。われわれの生活は発明なしにはあり得ないと言うことです。」

**A君**　「考えてみると確かにそうです。発明以外のものについても簡単に説明してください。」

**先生**　「発明によく似たものですが、すこしレベルの低いものに考案（実用新案）があります。鍋の落し蓋の構造、ボールペンの軸の構造、その他沢山あります。この分野では、主婦の方々が考案しておられます。
　つぎに、意匠について説明しておきましょう。
　これは物品の形状に関する創作で、工業デザインともいわれるものです。有名なものにホンダがつくったバイクの意匠があります。もっと身近なとこ

ろでは、ナイフやフォークのデザインがあります。」

**Bさん**　「こうしてみると、発明、考案、意匠は、われわれの日常生活に無くてはならないものばかりです。次に商標について説明をお願いします。」

**先生**　「みなさんはコンビニで買い物されると思いますが、例えば、ビールを買おうとするとき、なにを目印に選びますか。ビールの容器に描いてあるマークや絵柄をみて選びますね。これが商標なのです。つまり、みなさんは、商標が持っている商品を識別する機能を頼りに商品を選別しているのです。
　仮に、欲しいと思っているＡビールの商標と似たような商標をつけたＢビールが同じ棚に置いてあったりすると、間違ってＢビールを買ってきてしまうことがあります。このようなことを商品の誤認混同というのですが、このようなことがおこらないように商標を保護する必要があります。」

**Ｃ君**　「それでは、最近、音楽の著作物のことが色々と話題になっていますが、この方面の説明をお願いいたします。」

**先生**　「著作物には、文学、絵画、音楽、映画、演劇　映像などがあります。このような著作物を保護するのが著作権というわけです。」

**Ｃ君**　「著作権は、このような著作物をどのように保護しているのですか。」

**先生**　「著作権の権利は、じつは多岐にわたっているので簡単に説明できませんが、著作権のなかでわれわれの日常生活に最も関係するのは、著作物をコピーする権利です。著作権を持っている者は、その著作物を他人がコピーすることを禁止することができるのです。」

## 第2章　知的財産権の重要性

**Bさん**　「先生、なぜ知的財産権が大切なのですか。」

**先生**　「いい質問です。わが国は、1億3千万人の国民をかかえて何で食っていくのかを考えてみましょう。わが国には、アメリカ、カナダ、ロシア、オーストラリアなどのような地下資源が豊富にありません。わが国は、鉄、銅、金、白金、石油、石炭などの地下資源のほとんどを外国から輸入しています。
　また、農産物についても平地が少なく、自給できていません。
　このような状況のなかで、国民が食っていくためには、どうしたらよいのでしょうか。天然資源や食料を外国から輸入するためにはお金が要りますが、このお金をどうして稼ぐのかという問題につきあたります。わが国は、何かをつくって外国に売るしか収入の道が無いではありませんか。皆さんどう思いますか。」

**Bさん**　「国産品の輸出以外に考えられません。」

**先生**　「そうなのですよ。輸出を盛んにするためには、国際競争力をつけることが大切であるといわれています。簡単に言えば、外国に売れるものをつくらなければならないということです。」

**C君**　「先生、外国に売れる物とはどういう物なのですか。」

**先生**　「それは、外国のお客さんがよろこぶ物です。お客様が欲しいと思っている物、お客さんが、あればいいなと思っている物、すでに存在する物であれば、品質が優れている物、同じ品質の物であれば、より安い物です。これは国内の商売でもいえることですが。松下電器（現パナソニック）の創業者の松下幸之助氏（1894－1989）が、『お客様のよろこぶ物』と言っておられたのが印象にのこっています。」

**C君**「分かりました。しかし、『お客様のよろこぶ物』と知的財産権とはどのような関係があるのですか。」

**先生**「『お客様のよろこぶ物』をつくるためには、多くのすぐれた発明が必要です。また商品のデザインも大変重要です。よい商品をつくるために、人は色々の発明をするのですが、そのような発明を保護しているのが知的財産権、特に、特許権なのです。ですから、『お客様のよろこぶ物』、つまり、よい商品をつくるためには沢山の知的財産権、特に特許権が必要となるのです。」

**Bさん**「先生、何か分かったようで、まだ、飲み込めないところがあります。よい商品をつくるために、よい発明が必要なことはわかりますが。よい発明がありさえすれば、特許権は、無くてもよいのではないでしょうか。商品をつくるのは発明であって、特許権ではないと思うのですが。」

**先生**「特許制度の核心をついてきましたね。確かに発明があれば、特許権はなくても、よい商品をつくることができます。
　しかしよく考えて下さい。この製造業は競争社会のなかにあるのです。例えば、君がよい商品をつくって販売すると、これを真似する他人が必ず現れるのです。そうなると君は市場で、その人と競争しなければなりません。君は、その発明をするために、何年も苦労したかもしれません。また、多額の費用をつかったかもしれません。しかし、そのように苦労して完成した発明を他人が自由に真似できる状態に放置したらどうなりますか。その発明を真似した他人は、1ヶ月で競争商品を製造販売できるかもしれません。君が苦労して発明した商品を、他人が真似してやすやすと市場に参入してきたのでは、君はたまらないでしょう。君の発明意欲もなくなってしまうでしょう。このようなことがおきないように、発明を保護し、他人の模倣から守るのが特許権なのです。」

**A君**　「何か具体的な事例があれば、説明してください。」

**先生**　「そうですね。このあたりの事情がよく分かる話で、私が好きな話があります。少々長くなりますが、特許制度の、そもそもの成立ちがわかる逸話がありますので、以下に記します。ゆっくり読んでみてください。」

## ヴェネツィアの制度

**先生**　「現代の特許制度の原型は、15世紀中頃にヴェネツィアで施行された発明者条例であるといわれています。

　また、16世紀末には有名な科学者のガリレオ・ガリレイ（1564－1642）が潅漑装置について特許権を取得したといわれています。彼は、下記のような請願書をヴェネツィア共和国の支配者に提出して、自分の完成した発明を模倣者から守り、独占的に実施できる権利を付与してくれるように申し出ています。

　『陛下よ、私は、非常に簡単に、費用も少ししかかからず、大いに利益のある、水を揚げ耕地に潅水する機械を発明しました。すなわち、ただ一頭の馬の力で、その機械についている20本の口からひっきりなしに水が出るのです。しかし、私のものであり、非常に骨を折り沢山の費用を使って完成したその発明が誰でもの共有財産となるのは嫌ですから、恭しくお願いいたしますが、同じような場合に陛下の御厚情が、どこかの工場のどんな製作者にもお与えになるお恵みを何卒私にお垂れ下さい。

　すなわち、私と私の子孫、或いは私や私の子孫からその権利を得た人々の他は誰も、上記の私の新造機械を製作したり、たとえ作っても、それを使用したり、他の目的のために形を変えて水やその他の材料を用い適用したりすることを、40年間、或いは陛下が思召す期間内は許さないように、もしこれを犯す者は陛下が適当と思召す罰金に処し、私がその一部を頂きますようにして頂きたいと存じます。そうして下されば私は社会の福祉のためもっと熱心に新しい発明に思いを凝らして陛下に忠勤を励みます。
（「特許の文明史」守誠・新潮選書）』

私が、このガリレオ・ガリレイの手紙を引用した理由は、この手紙には、現代の特許制度の基本となる考え方が全て含まれているからなのです。
　すなわち、この短い手紙には、
1）　自分が完成した発明の説明、
2）　努力と費用をつぎ込んでその発明を完成したこと、
3）　一定期間他人の模倣を禁止し、自分に独占権を付与して欲しいこと、
4）　これに違反した者から罰金を取って欲しいこと、
5）　金銭的な補償を受けたいこと、および
6）　保護を受ける代わりに、さらに新しい発明を完成し陛下や社会に尽くすこと、が記載されています。」

**A君**　「先生、特許制度は、自分が完成した発明を他人に模倣させない制度と考えてよろしいでしょうか。」

**先生**　「そのとおりです。」

**A君**　「先生、特許制度というものは発明を他人の模倣から守ることによって、発明者の意欲を高める制度であることが分かったような気がします。ありがとうございました。」

**先生**　「ガリレオ・ガリレイはただの自然科学の天才ではなく、社会の仕組みなどに関しても先駆的な考えを持っていた人のようです。」

**先生**　「それでは、次に、アメリカでは、どのような状況で特許制度が始まったか簡単に説明しておきましょう。」

## アメリカでは

**先生**　「アメリカでは、建国の当初から特許制度の制定が予定されていまし

た。これは驚くべきことです。1787年制定のアメリカ合衆国憲法には、議会は科学や有用な技術の進歩を促進するために、著者や発明者に、一定の期間、その著作や発見に関して独占権を付与する権限を有する旨の規定があります。アメリカの建国に参加し、憲法草案を作成した人達の頭の中に、最初から特許制度のことがあったのですね。

　しかし、その後、アメリカ特許商標庁の基礎をつくったジェファーソン（1743-1826、後にアメリカ大統領（1801-1809））でさえも、当初は発明者に独占的権利をあたえることは一般人の権利を不当に制限するものであるとして、特許制度に疑問をもっていたと伝えられています。

　彼は、特許制度では、自分の発明を完成して特許権をもらった人に独占権を与えるけれども、その結果、それ以後に独自で同じ発明した人は、自分が独自に完成した発明であっても実施できなくなるということを問題視していたのです。

　模倣者を排除するというのが、特許の直接的な仕組みであったのですが、模倣者だけではなく、たとえ独自に発明した者であっても、後から発明した者は排除されるところが問題とされたのでしょう。」

**A君**　「その後、アメリカの特許制度はどうなったのですか。」

**先生**　「特許制度の有用性がだんだんと認められ、後にアメリカ大統領となったリンカーン（1809-1865、アメリカ大統領（1861-1865））は、自身も特許権を持っていたほどです。彼は、『特許制度は、天才の火に、利益という油を注いだ。』という有名な言葉を残しています。

　最初に、発明し特許権を得た者だけが、発明を独占し、その結果、莫大な富を手にすることができるところが、天才の心を捉えたのでしょう。」

**Bさん**　「先生、アメリカでは、特許制度が、その後の科学技術発展の原動力になったというわけですね。

　ところで、わが国では、どのようにして特許制度がはじまったのですか。」

## 第3章　わが国の特許制度

**先生**　「わが国においては、1885年高橋是清（1854－1936、総理大臣（1921－1922））が起草した「専売特許条例」が施行されたときが、特許制度のはじまりとなります。高橋是清は政府留学生としてヨーロッパに派遣され、彼の地の諸制度を勉強したのでしょう。余談になりますが、明治維新の頃は、欧米でやっていることを学んで帰国すれば、わが国では第一人者になれたのですね。今日では、そうはいきませんが。」

**先生**　「さて、これから、わが国の特許制度について説明をすることにしましょう。
　わが国の特許制度を一言でいうと、わが国特許制度は、発明者に対し発明を公開させ、その代償として発明を独占する権利を与える制度であるといえます。」

**A君**　「先生、発明を公開するとはどういうことなのですか。」

**先生**　「発明を、公衆に発表するということです。発明者は、通常、自分が完成した発明を秘密にしておきたいものです。しかし、発明をあえて公衆に発表させ、このことの代償として、特許権という発明を独占する権利を与える仕組みになっています。発明公開を条件とする理由については、後でふれることにします。」

**A君**　「先生、特許権は独占権であるということのようですが、それは、どういうことでしょうか。」

**先生**　「わが国の特許法第68条は、『特許権者は、特許発明を実施する権利を専有する』と規定しています。つまり、特許を受けた発明を実施することができるのは特許権者だけであると規定しているのです。

この条文によって、特許権が独占権であることを規定しているのですが、特許権の本質を端的にあらわしているものです。特許法の中で一番大切な条文であると私は思っています。」

**A君**「特許法の条文がでてきました。技術屋にとっては、このようなものは苦手なのです。先生、出来るだけ素人向けの説明をお願いします。」

**先生**「先にも述べたように、この条文は、特許権者は、特許された発明を実施する権利を独占的に持っており、特許権者以外の者はその特許発明を実施できないといっているのです。特許権は一般に独占権といわれますが、このような観点から排他権ともいわれています。」

**A君**「先生、このあたりのことをもう少し分かりやすく説明してください。」

**先生**「ここのところは基本的なところですから、じゅうぶんに理解する必要があります。具体的な例で説明しましょう。」

**A君**「お願いいたします。」

**先生**「北海道在住のPさん、東京在住のQさんの二人が、それぞれ独立に同じ発明を完成したとしましょう。そして、Pさんが最初に特許出願をしたとしましょう。ここでPさんがこの発明に関して特許権を取得したとします。すると、Qさんは特許権をとれません。特許権を取れるのは、最初に特許出願したPさんだけなのです。

　その結果、Pさんは、この発明を自ら実施することができますが、Qさんは、Pさんとは関係なく自分で独自に完成した発明であっても実施できなくなるのです。Qさんにとっては、はなはだ不都合な制度であるといわざるをえません。このように特許制度は、特許権者のPさんを保護するけれど、特許権を取得できなかったQさんを保護することはしないのです。

　かりに特許制度のない国であれば、PさんもQさんも二人とも自分の発

明を実施できるはずです。このことから考えると、特許制度は、一般国民の権利を制限するものであるといわざるをえません。

　先に述べましたが、アメリカのジェファーソンが一般公衆の権利を制限するものであるとして、当初、特許制度に賛成しなかった理由もここにあるのです。しかし、ジェファーソンは後にアメリカの初代特許庁長官に任命されました。そこで彼は自ら特許出願の審査を行い、厳しい審査を行ったという話が伝わっています。

　これは余談ですが、会社などで新規な制度を始めようとしたときに、一番反対した者を責任者に任命してやらせることがあります。任命された以上、自分の仕事としてやり遂げなければなりませんが、反対した者は、その制度の問題点がよく分かっているためバランスの取れた判断ができるということがあるのです。」

**A君**　「特許権というのは、技術を囲い込む塀のようなものと考えられますか。」

**先生**　「そうですね。塀というよりは、もっと強い城壁と考えたおうがよいでしょう。

　ドイツのロマンチック街道を旅行しますと、ローテンブルグという町がありますが、ここでは旧市街を囲む城壁が残っています。ヨーロッパには、あのような町は他にもありますが、特許権は、ある意味で、あれと同じようなものです。許可がなければ町に入れないのです。」

**Bさん**「先生、このような特許制度が世界中に広がり、定着した理由は、どこにあったのでしょうか。」

**先生**「そこには特許制度が存在する理由があったのです。特許制度により、国が発明を保護すれば、発明を奨励することになり、新しい発明がどんどん生まれる。そうすると産業が発達し、一般国民の生活もより豊かになる。そのことは、国にとっても、国民にとっても、大変よいことであるという考え方が特許制度の基礎となっているのです。」

**A君**「もう少し具体的に説明してください。」

**先生**「あらたな発明がでてくれば、一般国民の生活がより便利になり、この点で一般国民は利益を得ることができます。
　例えば、われわれの身の回りに存在するナイロン、テトロン、アクリルなどの合成繊維は全て特許発明品です。われわれの日常必需品である自動車、テレビ、携帯電話は、沢山の特許発明のかたまりであるといえます。今日、われわれは、朝から晩までおびただしい数の特許発明に取り囲まれて生活しています。このような特許発明の恩恵を受けない生活は考えられません。」

**Bさん**　「特許制度が産業の発達に貢献するといえるのでしょうか。」

**先生**　「その通りです。このような発明の実用化により多くの産業が発達したという事実がありました。

18世紀の後半にイギリスで始まった産業革命も、特許制度による発明の保護があってはじめて可能となったといわれています。イギリスの産業改革では織物機械や蒸気機関などの発明が重要な役割をはたしました。産業革命の担い手である企業家にとって、自分の発明を他人に模倣されない制度が存在してこそ、新規な発明の創出のために多額の投資を行うというリスクをとることができたのです。

研究開発は一般にハイリスク・ハイリターンの事業でありますので、特許制度というものがあってはじめて企業家はこれに挑戦できるのです。」

**Bさん**　「特許制度は、発明に投資する資本家も保護することになりますか。」

**先生**　「その通りです。後ほど詳しくお話する予定ですが新しい医薬を開発するためには数百億円の投資が必要となります。このような開発を行うためには、開発成果を他人に模倣されない仕組みが必要なのです。現在交渉が行われているTPP交渉でも知的財産の保護をどのようにするかが重要な議題となっていることはご承知のとおりです。」

**C君**　「ところで、先生、このような特許制度は世界中でどのていど普及しているものなのでしょうか。」

**先生**　「今日、世界の主要国はもちろんのこと、170ヶ国以上の国が特許制度を設けていますので、特許制度は世界中に広がっているといえます。おおまかな話ですが、われわれが日頃付き合いのある国々は、すべて特許制度を持っていると考えてよいでしょう。」

**C君**　「特許制度がいつかなくなり、特許専門家が失業することはないで

しょうか。」

**先生**　「それは考えられません。共産主義のロシアや中国にも特許制度があります。
　最近は、特許部門、または知的財産部門の責任者は、多くの企業のなかで役員として遇されています。　なかには、社長にまでのぼりつめた人もいます。」

# 第4章　発明の保護と利用

## 産業立法

**Bさん**　「先生、これまで説明していただいたことから判断して、特許制度とか特許法とかは、産業の発達をねらったものと考えられるのですが、そう考えてよろしいでしょうか。」

**先生**　「その通りです。わが特許法第1条は『特許法は、発明の保護と利用を図ることにより、発明を奨励し、もって産業の発達に寄与することを目的とする』と規定しております。

　特許制度は、産業の発達を目的とするものであることが明記されているのであり、このことから特許法は産業立法であると言われています。

　これから順次、特許制度の仕組みを見てゆきますが、特許法の条文の大部分は発明の保護に関するものであり、発明の利用に関する条文はそれほど多くありません。そこで、発明の保護については、後から順次説明することにして、発明の利用に関するところを先に説明しておこうと思います。」

**A君**　「条文が少ないということは、発明の利用というところが、軽視されているのですか。」

**先生**　「決して、そうではないのですが、利用に関して法律上規定するべき事項が少ないということです。」

## 発明の公開

**先生**　「さて、発明の利用は、まず、発明の公開によって行われます。特許出願後1年6ヶ月経つと、特許庁は出願書類を特許庁発行の公開特許公報によって一般国民に公開します（特許法第64条）。出願書類中の発明を詳細に

記載した明細書を、将来、特許になるものも、ならないものも一律に公開してしまいます。

この公開は、一般国民に技術情報を公開するという意味があります。また、公開された発明が将来、特許されるかもしれないよという警告を一般国民に与えることになります。」

**A君**「先生、特許になるものも、ならないものも一律に公開するのですか。特許になるものが公開されるのは仕方ないと思いますが、特許にならないものまで公開するのは納得できません。」

**先生**「その意見はもっともです。昔は、特許になるものだけを公開していたのです。しかし、このやり方では、特許庁の審査官が特許出願を審査して後、これなら特許してもよいと思ったものだけを公開していました。

しかし現在では、特許出願後1年6ヶ月経つと一律に公開することになっています。

昔は審査が終わってから出願内容を公開するやり方を取っていましたが、これでは、審査がおくれると、公開もおくれることになります。しかも審査が終わるのに早くても3年、長いものでは10年もかかるものがありました。新規な技術内容であってこそ、公開する利益があるのですが、古くなった技

術を公開してもあまり利益が無いということです。技術が古くならないうちに公開することとしているのです。」

**Bさん** 「先生、公開の利益というのは、具体的にどういうことなのですか。」

**先生** 「公開された発明をみて、同じ発明を目的に研究していた者は、その研究方向を変更して、別の発明を目的に研究することができます。また、研究の重複や無駄を防ぐことができるのです。さらに、公開された発明をヒントに、さらにその先の研究をすることもできます。

　また、将来、特許になるかもしれない発明をみて、企業でその発明を採用する予定でいた場合、侵害を避けるために採用技術を変更することが可能です。さらにまた、将来の特許権者に、予め、特許発明を実施する権利（これを特許ライセンス、又は、単に、ライセンスといいます）の許諾を申込み、将来の特許権侵害の問題を回避することも考えられます。

　このように、発明が公開されることにより、その発明の情報が利用されることになり、それが社会全体の利益となるのです。」

## 補償金請求権

**Bさん** 「先生、出願公開されると、発明の内容が公開されますので、一般公衆の利益になりますが、出願人としては、特許権を必ず受けられるという保障も無いのに、貴重な発明を他人に真似されるリスクが生じます。出願人に対し何らかの保護を与える必要がないのでしょうか。」

**先生** 「もっともなご意見です。

　今指摘された点に対する配慮としては、出願公開後から審査に合格して特許権が登録されるまでの期間に、公開された発明を実施した者に対し、一定の条件のもとで、さかのぼって補償金を請求する権利を出願人に認めています。これを補償金請求権といいます（特許法第65条）。

　詳しい説明はしませんが、当座は、そのような権利があるのだということ

だけ知っておられれば、よいでしょう。」

**Bさん** 「念のため伺います。補償金を請求する権利は、さかのぼって行使できるのですか。」

**先生** 「その通りです。」

## 第5章　独占禁止法との関係

**先生**　「ここで独占禁止法についてふれておきましょう。この法律は、正式には「私的独占の禁止及び公正取引の確保に関する法律」という長い名前のついた法律なのですが、普段は独占禁止法とか独禁法と略称されています。
　この法律の第1条には、カルテルなどの競争制限行為や事業活動を不当に拘束する行為を除去し、企業結合などによる過度の経済力集中を防止することによって、公正かつ自由な競争が有効に機能する条件を確保し、それを通じて国民経済の健全な発達を図ることをその目的とすると規定されています。」

**A君**　「先生、質問があります。特許法は特許権者に発明を独占的に実施する権利を与えるとのことですが、独占禁止法と矛盾はないのですか。」

**先生**　「特許法は特許権という独占権を与えるものですが、これと独占禁止法とは矛盾がないのかという質問ですね。よいところに気がつきました。
　独占禁止法は、企業活動におけるカルテルなどの私的独占や優越的地位を利用した不当な取引制限などを禁止することを目的とする法律です。
　ところで、特許法は特許権者に特許発明を独占的に実施する権利を与る法律です。両者が衝突することも考えられないことはありません。法律は、両者が衝突しないように手当てをしております。つまり、独占禁止法第21条によりますと、『特許法による権利の行使と認められる行為』には、独占禁止法の規定は適用しないこととなっております。このようにして、特許法による独占は、独占禁止法の規制の対象からはずされているのです。
　しかしここで言っておかなければならないことがあります。特許法による権利の行使と認められるものは独占禁止法の適用からはずすけれども、特許法による権利の行使と認められないものについては独占禁止法の適用があるということです。」

**C君**　「それはいったいどういうことですか。特許法による権利の行使と認めたり、認めなかったりはどういう基準でやるのですか。又、誰が判断するのですか。」

**先生**　「先ず、判断するのは公正取引委員会です。
　次に、どのような基準で判断するのかということに答えます。特許法による権利の行使、これは、一般的に見て特許権の行使と考えてよいのですが、特許権の行使といっても、じつは市場の分割や独占を実質的な目的とし、結果的にみて特許法の本来の目的である産業の発達を阻害するような場合にはダメということということなのです。そのような場合は独占禁止法によって処罰されることも覚悟しなければなりません。」

**C君**　「特許法第1条にある特許法の目的に反するような場合には、特許法による権利の行使と認めない。したがって、独占禁止法の適用を受けるということですか。」

**先生**　「その通りです。C君のほうが説明するのが上手です。説明は長ければよいというものではありませんね。」

**C君**　「独占禁止法で問題になる例を一つだけ教えてください。」

**先生**　「そうですね、C君は日頃営業の仕事をしているようですから、そっち方面の例をあげておきましょう。
　特許権者が他企業に特許権の実施許諾をする場合、つまりライセンスを与える場合に、ライセンスを受けた者が使用する原料を特許権者から購入することを条件とするのは、独占禁止法上ダメということになっています。」

**C君**　「ライセンスを口実に原料購入の義務を課するのはダメということですか。」

**先生**「そうなのです。

　ところで、このあたりの実務はかなり高度の判断が求められます。会社の経営戦略にも大きな影響をあたえます。特許の担当者としては大変面白いところなのですが、興味のある方々は、さきざき、勉強してください。
ここで、特許法と独占禁止法との衝突の処理が、時の政府の姿勢によって、変化してきたことを以下に説明しておきましょう。」

## アンチ・パテントとプロ・パテント

**先生**「特許法と独占禁止法との衝突をどのように調整するかは、その時代時代の経済や政治の状況によって大きく変化してきた経緯があります。特に、アメリカでは、このことが特に顕著でありまして、1985年を境にして大きな変化がありました。1985年以前はアンチ・パテント時代とよばれ、特許権の行使を独占禁止法によって出来るだけ制限することが行われました。ところが1985年以後、プロ・パテント時代に入り、特許権の行使に対し、できるだけ制限を加えないというやり方が始まりました。これは現在もつづいています。

　わが国においても、特許権のライセンス等に関して、公正取引委員会からガイドラインが示されていますが、やはり、このガイドラインにも時代の変化が感じられます。

　このあたりのことは、かなり専門的ですから説明は省略しますが、特許権のライセンス契約や共同研究契約を締結するような場合には、独占禁止法上の観点からも検討することが必要であることを覚えておいて下さい。」

# 第6章　特許権とは

**先生**　「ところで先にもお話しましたが、わが特許法は、その第1条で発明の保護と利用をはかり云々と規定しております。これまでに発明の利用に関して概略説明しましたが、これからは発明の保護についてお話してゆくことにします。

　さて、それでは特許権とはどんな権利なのか、少し詳しくみてみましょう。

　先にもあげましたが、特許法第68条には、『特許権者は、業として特許発明の実施をする権利を専有する』と規定されています。」

**C君**　「いよいよ法律条文の解説ですか。」

**先生**　「これから法律の条文の意義を説明しゆこうと考えますが、ここで、一般に法律条文を理解するための注意を一つ言っておきましょう。

　それは、法律条文を理解するには、そこに使われている個々の用語の定義を理解するところからはじめなくてはならないということです。そして、同じ概念を示すためには同じ用語が使われるということです。同じ概念を異なった複数の用語で示すことはあまりありません。」

**C君**　「そうすると、用語が違っていれば、意味するところが違うということでしょうか。」

**先生**　「そのように考えて下さい。

　例えば、『以下』と『未満』は似ていますが、使い方は違うのです。3以下というと、3をふくめてこれより少ないことをいいますが、3未満と言うと、3を除外してこれより少ないことをいいます。」

**A君**　「日常使っている言葉ですが、そこまで厳密に考えたことはありませんでした。そうすると、友達以上、恋人未満という表現もありですか。」

先生　「あるのじゃないでしょうか。」

先生　「ついでといってはなんですが、法律を読むときによくでてくる言葉で注意すべきものを説明しておきます。
　まず、『又は』と『若しくは』を説明しましょう。
　『又は』は大きな意味の選択的な連結につかわれ、『若しくは』は小さな意味の選択的な連結に使われます。」

Bさん　「大きな意味とか小さな意味とか、よくわかりません。」

先生　「そうでしょうね。具体例で説明しましょう。特許法第69条2項に、『1 単に日本国内を通過するに過ぎない船舶若しくは航空機又はこれらに使用する機械、器具、装置その他の物』という記載があります。
　ここでは、船舶、航空機およびこれらに使用する機械等と三つのものがでてきます。船舶と航空機は、空を行くのか、海を行くのか小さな違いがありますが、輸送手段という点では似たもの同士です。これに対し輸送手段である船舶若しくは航空機と、これらに使用する機械等とでは大きな違いがあります。機械等では輸送手段として使えません。そのため船舶と航空機は『若しくは』で連結され、船舶若しくは航空機とこれらに使用する機械等とは『又は』で連結されているのです。」

C君　「『父若しくは母又は子供』と言う使い方はよろしいでしょうか。」

先生　「よろしいですね。なかなか分かりがはやいですね。
　次に、『及び』と『並びに』について説明しておきましょう。『及び』は小さな意味の併合的な連結に使われ、『並びに』は大きな意味の併合的な連結に使われます。」

C君　「『父及び母並びに子供』ですね。」

**先生**　「その通りです。分かりが早く助かります。」

**先生**　「法律の条文をレンガ積みの建物であるとたとえると、法律の条文のなかで使われている用語は、その建物を構成するレンガのようなものです。したがって、個々のレンガがどのような意義をもっているのかを知る必要があるのです。」

**先生**　「さて、それでは話をもとにもどして、上記の特許法第68条には、『特許権者は、業として特許発明を実施する権利を専有する』　と規定されています。皆様は、この条文のおよその意義は、説明なしでも解るのではないかと思います。
　しかし、法律的な意義を、以下に、やや詳しく説明しましょう。このような説明を理解していることが後々、役立つのです。」

## 特許権者

**先生**　「先ず、『特許権者』ですが、これは特許権を付与された者ということです。発明者が、特許権を付与され、特許権者になることが自然な感じがするかも知れません。」

**Bさん**　「先生が、そのように言われるということは、発明者が特許権者になることは、むしろ例外的ということですか。」

**先生**　「そうなのです。発明者が企業の従業員である場合には、発明者が職務規定により、その企業に発明を譲渡することがほとんどなのです。このような場合には、その企業が特許権者となります。
　発明者から権利を譲渡されて特許権者になった企業は、その特許権をさらに別の企業に譲渡することも可能です。このときは、その譲渡を受けた別の企業が特許権者になります。」

## 業として

**先生**「次に、『業として』とは、『事業として』という意味です。この言葉が特許法の条文に入っているのは、家庭内での発明の実施など発明の個人的な実施を特許権行使の対象から除外し、一般人の生活にまで混乱を持ち込まないという配慮からです。」

**Bさん**「具体例をお願いいたします。」

**先生**「たとえば、P社の特許権を侵害した冷蔵庫をA社が製造し、これをB社が販売し、これを一般人のCさんが家庭用に購入した場合を考えてみましょう。この場合、A社とB社は特許権侵害になりますが、Cさんは特許権侵害にはならないのです。P社は、A社とB社を特許権侵害で訴えることはできます。しかし、Cさんを特許権侵害で訴えることはできないのです。Cさんは、事業としてその冷蔵庫を使っていないからです。」

**Bさん**「かりに、Cさんがその冷蔵庫を家庭用に使用するのではなく、自分が経営しているレストランで事業用に使用するときは、どうなるのですか。」

**先生**「P社は、Cさんを特許権侵害で訴えることができます。特許権侵害の問題は、事業者の段階で解決することになっていると考えてよいでしょう。」

## 特許発明

**先生**「次に進みます。『特許発明』とは、特許を受けている発明のことです。ここで、どのような発明であっても、発明でありさえすれば特許として保護を受けられるというわけではありません。保護を受けるためには、特許法に

定められた一定の条件（これを特許要件といいます。）を満たしたものでなければなりません。

　特許法上の発明は、自然法則を利用した技術思想の創作のうち高度なものでなければならないと規定されています（特許法2条）。発明が技術思想の創作であるということは、発明は技術に関するものであって、技術以外の、経済、法律、音楽、美術等に関するものではないということです。技術上の創作であることが求められます。」

**A君**　「何故、創作である必要があるのですか。」

**先生**　「創作ではないもの、つまり、すでにあるものや、『人まね』のものは保護する必要がないということです。そのようなものを、出願があったからといって保護していたらきりがありません。産業の発達に寄与することもできません。」

**A君**　「おっしゃる通りです。　ところで、『自然法則を利用した』というのは、どういうことでしょうか。」

**先生**　「ここのところは説明が要るでしょうね。

　自然法則とは、自然界の諸現象を支配する法則のことです。例えば、水は高所から低所に流れるとか、気体の体積は圧力に反比例するとか、熱は高温のところから低温のところに流れるなどです。

　特許法では、自然法則を利用するものはよいが、自然法則を利用しないものは、特許法上の発明から除くと言っているのです。自然法則を利用せず、自然法則以外の法則を利用したものとしては、例えば、数学上の計算方法、会計データの記載方法、顧客情報の整理方法、資金の最適投資先決定方法など色々ありますが、これらは、いくら有用のものであっても特許されないということです。」

**先生**　「さらに、発明が特許されるためには、上記のほかに、新規性、進歩性、

先願性などの条件（これらを特許要件といいます）を満たした発明でなければなりません。これらの特許要件については、特許法第29条をはじめ多くの条文によって詳細に規定されています。後ほど説明します。」

Bさん 「特許要件をみたすことが、特許されるための条件ということですが、このような特許要件を満たしているか、どうか、発明者がわかるのですか。」

先生 「特許要件を満たしているか否かの判断は、特許庁の審査官が行います。審査についての詳しいことは、後で説明することとします。」

### 発明の実施

先生 「どのような行為を『実施』というのかは特許法第2条に規定されています。
　特許法第2条第3項には、実施とは、どのような行為をいうのか詳しく定義されています。
　なお、この講義では、特許法の条文がでてきますので、お手許に特許法の条文集を持って勉強されるのがよいかと思います。」

Bさん 「どうしてこのように詳しく定義する必要があるのですか。実施すると簡単に言えばすむことを、わざわざ七面倒に書いているような気がします。」

先生 「そうではないのです。とても大事なことなのです。これから説明します。特許権を持っていない他人が、どのような行為をすれば特許権侵害になるのかということを判断する際、実施の定義が重要となるのです。順を追って説明します。
　特許法では、『実施』とは、どういうことか、次のように発明を三つに区分して定義しています。

A．発明が『物の発明』である場合、
B．発明が『方法の発明』である場合、及びC．発明が『物を生産する方法の発明』である場合

各々について以下に例をあげて説明してゆきましょう。
A．例えば、発熱繊維のような『物の発明』の場合についてみると、
  1）その物（発熱繊維）を生産すること、
  2）その物（発熱繊維）を使用すること、
  3）その物（発熱繊維）を譲渡すること、
  4）その物（発熱繊維）を輸出もしくは輸入することなどを実施といいます。

B．例えば、デジタル通信方法のような『方法の発明』の場合は、
  1）その方法（デジタル通信方法）を使用することを実施といいます。

C．ポリエチレンを生産する方法のような、『物を生産する方法の発明』の場合には、
  1）特許された方法で物（ポリエチレン）を生産すること、
  2）上記1）で生産された物（ポリエチレン）を使用すること、
  3）上記1）で生産された物（ポリエチレン）を譲渡すること、
  4）上記1）で生産された物（ポリエチレン）を輸出若しくは輸入することなどを実施といいます。

**A君**「先生、それでは上に記載された行為、具体的にいうとAの1）から4）まで、Bの1）及びCの1）から4）までのみが、特許権侵害を云々する際に問題になるということですか。」

**先生**「その通りです。厳密に言うと、間接侵害についても考えなければならないのですが、この段階では省きます。

そして、これらの列記された行為を権利のない者がすると特許権侵害になると考えてください。」

**C君**　「権利のない者というのは特許権を持っていない者ということですか。」

**先生**　「ここでいう権利を持っていない者とは、特許権を持っていない者であって、しかも特許権者からの許可（これを実施権とかライセンスといいます。）を貰っていない者をいいます。実施権（ライセンス）については第11章で詳しく説明します。」

**C君**　「特許権を持っていなくても、ライセンスを持っていれば、特許発明を実施しても特許権侵害にはならないということですか。」

**先生**　「その通りです。実際の産業界では自らは特許権を持っていなくて、他社からライセンスを貰って実施している企業が沢山あります。」

**A君**　「他社からライセンスを貰う場合には、何らかの対価の支払いがいるのでしょうか。」

**先生**　「その通りです。
　ところで特許権者は他者にライセンスを与える義務は無く、特許権者の中には戦略上、他者にライセンスを与えないことにしている者もいます。」

**A君**　「特許権者だけが発明を実施して、世界市場を独占することができるのですか。」

**先生**　「その通りです。医薬業界などでそのような例があります。」

**先生**　「ここで、特許戦略上で重要なことを一つ説明しておきましょう。皆

様方がすぐに特許実務に携わることはないと思いますが、知っていると役に立つ知識です。

　発明が『物の発明』である場合、例えば、『発熱繊維の発明』の場合、その発熱繊維がどんな方法で生産されていても、生産された発熱繊維が同一でさえあれば、それを生産、使用、譲渡、輸出もしくは輸入などする行為は、その発明の実施となります。つまり、そのような行為は、特許権の権利範囲にはいり、権利のない者が実施すると特許権侵害となります。

　ところが、発明が『物の生産方法の発明』である場合、例えば、『ポリエチレンの生産方法』の場合には、特許された方法により生産されたポリエチレンだけが実施に含まれることに注意する必要があります。特許された生産方法以外の方法で生産されたポリエチレンであれば、たとえ同じポリエチレンであっても、これを使用、譲渡、輸出もしくは輸入などしても実施に含まれないのです。つまり、権利の範囲に入らず、権利のない者が実施しても侵害にならないのです。

　物の発明の方が、物の生産方法の発明よりも実施とされる範囲が広くなるのです。そして実施とされる範囲が広いということは、とりもなおさず、権利の範囲が広いということになります。

　さらに特許権侵害で訴訟を起こす場合の立証も容易です。生産方法の発明の場合、これを立証するためには、相手企業の内部の情報が必要となります。しかし、物の発明であれば、その物を購入して調べることが可能です。

　このような理由から、発明者や特許担当者が特許出願する際に、『物の生産方法』の特許ではなく、できるだけ『物の発明』の特許を取れるように努力するのです。」

**A君**　「特許された方法以外の方法で生産されたポリエチレンは、生産されたポリエチレンが、まったく同じ物の場合でも、特許権侵害にならないのですか。」

**先生**　「その通りです。生産方法の特許権の侵害にはなりません。
たとえ話で説明しますが、富士山登山を想像してください。物の生産方法の

第6章　特許権とは

特許権は、富士山の山頂に至るルート、例えば、御殿場口から登るルートを特許化するようなものです。特許されたルートとは別の吉田口ルートをつかえば、山頂まで登っても特許権侵害にはならないのです。」

これに対し、物の特許権は、富士山の山頂を特許化するようなものです。物の特許権の場合には、登山ルートは吉田口、御殿場口などありますが、どのルートで登っても山頂で権利侵害となります。

**A君**　「質問です。ある発明が生まれた場合、それが製造方法の発明になったり、物の発明になったりするのですか。そこのところがわかりません。」

**先生**　「具体的な例で説明しましょう。発明者があるポリエチレンの製造方法を発明し、知的財産部門に特許出願を依頼してきたとしましょう。発明者は、従来からあるポリエチレンの新しい製造方法を発明したものと思い込んでいるのですが、知的財産部門で調査してみると、そこでできたポリエチレン自体が、従来からあるポリエチレンではなくて、新しいポリエチレンであるということがあるのです。たとえば、ポリエチレンの分子に何か別の成分が結合されているとか、従来のポリエチレンと分子構造がことなるとかです。その結果、ポリエチレンの物理的性状もことなってくるということもあるのです。

そのような場合、知的財産部門では、物の発明と製造方法の発明を両方特許

31

出願するのです。」

**Bさん**「方法の発明の場合でも、同じようなことがいえるのでしょうか。」

**先生**「その通りです。例えば、自動車衝突防止方法の発明が提出された場合、方法の発明で特許出願をしますが、同時に、自動車衝突防止装置という物の発明として特許出願するのが普通です。」

**C君**「特許出願を行うときには、いろいろなことに考えをめぐらす必要があることがわかりました。ありがとうございます。」

## 専有する

**先生**「実施に関する説明が長くなってしまいました。特許の仕事をしていく上で大変重要なところですので、つい説明が長くなってしまいました。さて、特許法第68条の説明に戻ります。次に、『実施する権利を専有する』というところを説明しますが、『専有する』というところは特許法第68条のもっとも重要なところです。

　『専有する』とは、実施する権利を特許権者だけが独占し、他人には実施する権利を与えないということです。それゆえ、特許権は独占権であり、排他権であると言われるのです。

　特許権者は発明の実施に関しては、他人を侵入させない独自の領土のようなものを獲得することになります。この領土内に他人が入るためには、特許権者の許可、つまりその特許発明を実施する権利（実施権、または、ライセンスといいます）を得なければならないことになります。」

**A君**「先生、それでは特許権者だけしか特許発明を実施できないという状況があるのですか。」

**先生**「その通りです。特許権者は、他人に対しライセンスを与えないで、

自分だけが独占的に発明を実施することができです。企業は、特許品を独占的に製造販売し、大きな利益をえることができるのです。企業が、特許、特許と騒ぐのはこのためです。」

**A君**　「そのような実例があるのでしょうか。」

**先生**　「医薬品業界では、一社独占で世界中の需要をまかなっている例があります。
　ここで一言、そのような独占企業のために弁解しておきますと、新薬の開発には、長い年月と多額のお金が必要となります。ものにもよりますが、数百億円以上のお金がかかるのです。このような大金をかけて開発した新薬を他社にすぐに真似されたのでは、開発した企業はやってられないということです。最近、医薬品業界で合併や吸収が多いのは、このような多額の開発費用を調達するためであるといわれています。」

**C君**　「特許制度は、新薬を開発した企業が支払った開発費用を回収できるようにするという役割があるのですね。」

**先生**　「そうなのです。しかし、特許権者は、独占的な製造販売をしないで、他人に対し有償でライセンスを与え、他人にも製造販売を行わせることもできます。」

**C君**　「それは、どのような場合ですか。」

**先生**　「まず、市場が大きく、一社では世界の需要をまかないきれない場合があります。その他に、一つの製品、例えばテレビを製造販売するために、自社の特許発明だけでは足りず、他社の特許発明も必要になる場合がよくあります。このような場合には、自社の特許権をその他社にライセンスすると同時に他社からも特許権のライセンスを受けることが行われます。これをクロス・ライセンスといいますが、エレクトロニクス業界ではよくみられます。」

**C君**　「そうすると、クロス・ライセンスを受けるためにも、自社の特許権を沢山とっておかねばいけないということですか。」

**先生**　「そうなのです。50件とか100件をまとめてクロスするというような話を聞いています。」

## 特許権の排他性

**先生**　「さて、それではどのようなかたちで、特許権の排他性が現れるのか、大切なところなので、くどいようですが、もう一度具体例で説明します。
Aさんがある発熱繊維を発明して、その特許権を持っているとします。その後、Bさんが、このAさんとは無関係に独力で同じ発熱繊維を完成した場合、Bさんは自分が完成した発熱繊維を自由に製造できるのかと問われれば、答えはノーとなります。Bさんは、Aさんの許可、つまりライセンスを得なければ、その発熱繊維を製造することはできないのです。
　ここで、Bさんがライセンス(実施権)なしで製造すれば、Aさんの特許権の権利侵害となります。Bさんは独力で発明したにもかかわらず、その発明を自由に実施できないのです。Bさんにとっては、はなはだ迷惑なことです。ここのところが、特許権が排他権であるといわれるわけです。」

**Bさん**　「後から発明した者が、実施できないというところがきついですね。」

**先生**　「そうなのです。それでは、何故、特許権者をそんなにして保護するのかという疑問がでてきます。
　一般に、企業が新たな発明品を世に出すためには多額の資金と長い時間を要することが知られています。そのうえ、多額の資金をかけても、必ず発明に成功するとは限らず、むしろ失敗するほうが多いのが実情です。
私も色々の新製品開発プロジェクトの責任者を務めたことがあります。しかし、成功率は10％以下でした。新たな発明を完成して世に出すということは

企業にとって大変にリスクの高い仕事であると実感しております。
ついでに新製品開発の苦労について触れますと、開発部門で新製品というものができても、これが即、市場に受け入れられる商品にはならないのです。開発された製品から市場で受け入れられる商品までの距離が遠いことを感じたしだいです。ですから、私は、製品と商品は別物だといっています。

　話はもどりますが、仮に、発明品を完成した先発企業に対し、特許権という排他権を与えることによって、その発明を保護することを行わなければ、どうなりますか。発明のための努力をしなかった後発企業が発明の結果だけを真似することができることになります。そのような状況では、誰もリスクの大きな発明に向かってチャレンジしなくなってしまうのです。」

**Ｃ君**　「新しい発明をした会社が、その発明を秘密にしておけば、他社にまねされることはないと思いますが。」

**先生**　「自分の発明を秘密にして誰にも真似されないようにできればよいかもしれませんが、それが難しいのです。例えば、300億円をかけて開発した新薬を販売すれば、その新薬の成分は他社が分析することにより分かってしまいます。
　一般的にいって、販売した新製品を他社が分析したり、分解したりして新製品を模倣するための情報を入手することができます。また、今日では技術者の移動が激しくて、過去の職場で得た情報を新しい職場で開示してしまうことがあります。発明の秘密を保持することは困難といえます。」

**Ｃ君**　「そう言えば、先日、新聞で、大手電機会社でメモリの開発に携わっていた技術者が、そのとき得た技術情報をもって隣国の大手電機会社に雇われたという話を読んだことがあります。」

**先生**　「私もその記事を読みましたが、訴訟になるようですね。
　ここで、他社の発明や技術を盗用している会社に対し、はっきり言ってお

きたいことは、他社の技術を盗用している会社からも、盗用の事実が外部に漏れやすくなっていることです。悪事が露見しやすくなりました。」

**C君**　「やはり開発リスクをとった者を特許制度によって保護しなければ、誰も開発できないということですね。」

## 環境技術に関する特許

**Bさん**　「ところで、先生、新聞などでみたのですが、地球環境の保護を目指す世界的な会議の席上で、発展途上国の一部から、環境技術に関する特許権については、タダで使わせろという発言があるようです。このようなケースはどうするのですか。」

**先生**　「途上国の人々は色んなことを先進国に要求してきます。
　しかし、このようなことが、技術を開発し、特許権を与えられた個人や企業の犠牲において行われるようなことがあってはならないと私は考えています。この問題を解決する方法について、提案のある人は提案してください。それでは、Bさん、あなたの提案を皆に説明してください。」

**Bさん**　「このような公益性の高い技術に関しては、はじめから特許権を与えないことにしてはいかがですか。」

**先生**　「そうすれば、特許実施料支払の問題はなくなりますね。しかし、発明をした者や企業の保護ができません。そして、保護がないとなると、新規な技術を開発する者がいなくなります。他に、提案はありませんか。」

**C君**　「特許実施料を無料にするのなら、国や公的機関が代わりに特許権者に特許実施料を支払うといった形にするのはいかがですか。さもなければ、個人や企業は、リスク覚悟で新規な技術を開発する意欲を失ってしまいます。」

**先生**　「同感です。誰かが、代わりに支払うということが必要です。」

**C君**　「また、個人や企業が有用な特許権を持っているがゆえに、世間から非難を受けたりトラブルに巻き込まれたりしてしまうことがあってはならないと思います。」

**先生**　「その通りです。　何事であれ社会全体に貢献するような非営利事業を行う場合、そのコストを個人や企業に負担させるやり方では長続きしないと思います。国など公的な機関が、コスト負担する必要があります。みんなでコストを負担する仕組みが必要です。」

## 存続期間

**先生**　「このように、特許権は、世間の一般人に対して大変に大きな影響があります。後発の発明者は自分の発明を実施できず、一般の消費者は高値で物を買わされるなどのことを言っているのですが、この権利は永久のものではありません。一定の存続期間、つまり有効な期間があります。特許法第67条によりますと、特許権の存続期間は出願の日から20年と規定されています。」

**Bさん**　「このように期間を20年にしているのは、特許権者の利益と世間一般人の利益とのバランスをとってのことであると考えてよろしいでしょうか。」

**先生**　「その通りです。なお、一言付け加えることがあります。
　医薬品特許に関してですが、医薬品は販売する前に国の承認を受ける必要があります。そして、この承認を受けるためには、長い期間がかかります。そこで、国の承認を受けるために、特許発明を実施できない期間があったときには、存続期間が5年を限度として延長されます。（特許法第67条の2）」

**C君**「医薬品の開発に多額の資金と長い期間をかけ、せっかく特許を取っても、国の承認のためにその特許権を活用できない場合、存続期間を延長して、医薬開発者を保護するためのものですね。」

**先生**「そういうことです。」

## ジェネリック医薬品

**先生**「次にゆきます。昨今、『ジェネリック医薬品』という言葉をテレビなどで耳にする機会がありますが、これは特許権の存続期間が切れて、安く供給される医薬品のことです。

　特許権が切れると排他性がなくなり、後発メーカーが参入することができます。このような後発メーカーは、多額の開発費用を使っていないので、その医薬品の価格を低く抑えることができます。また、市場競争も激化するのでその医薬品の価格がますます下がります。これにより効能は以前のものとあまり変わらないが、安価に入手できる医薬品が出現するわけです。」

**C君**「ジェネリック医薬品というのはそういう意味があったことがわかりました。似たような効能のある安価な薬と考えてよいのですね。」

**先生**「特許法は、医薬品を最初に開発した者に対しては一定期間独占権を与えることによって発明を奨励し、開発費用の回収を可能とし、他方、特許期間の経過後は、より安価な医薬品を大衆に供給する仕組みをつくっているのです。」

**A君**「製薬会社にとっては、20年に一度、ドル箱となる新薬を開発すればよいということですか。」

**先生**「そのような考え方もあるでしょう。しかし、私が聞いているところ

では、新薬開発の成功率が低いので、いくつもの新薬をパラレルに開発していく必要があるそうです。しかも、その開発費用がベラボーに高い。

　その高い費用を負担するために内外で製薬業界の合弁が多いのだときいています。著名な製薬会社がどんどんと合弁や買収で名前を変えています。テレビのコマーシャルでなんだか聞きなれない名前の薬会社がでてくるのはこのためです。」


## 特許料

**先生**　「次に、特許料についてふれておきます。

　特許法第107条によりますと、特許権者はその特許権を維持するために一定の特許料を国に納める必要があります。これは、特許業界では、年金と呼ばれるものですが、最初は安く、年がたつと高くなります。20年目で、9万円ほどです。この年金の支払をやめると、特許権が消滅します。」

**C君**　「発明を完成し、特許を取得したが、あまり利用価値の無い発明の場合には、特許料の支払を停止すればよいのですか。」

**先生**　「一応、その通りです。一応と言った理由は、特許権を消滅させる前に、その発明を誰か有効に利用できる企業がないか探して、その企業に譲渡する道もあります。そのような仲介を専門とする組織や会社もあります。」


## 特許権者の保護

**先生**　「それでは、特許権者は具体的にどのような保護を受けるのでしょうか。他人が無断で自分の特許発明を実施した場合、つまり、自分の特許権を侵害された場合、特許権者は、どのような保護を受けることができるのでしょうか。

　特許法は、非常に強い権利を特許権者に与えています。先ず、進行中の特許権侵害行為を差止めることを請求する権利、すなわち『差止請求権』を与

えています（特許法第100条）。

　次に、過去の特許権侵害によって生じた損害を賠償することを請求する権利、すなわち『賠償請求権』を与えています（民法第709条、特許法第102条ほか）。他人の特許権を侵害したものは、差止や損害賠償などによって厳しく罰せられることになります。これらについて後にくわしく説明することにしましょう。」

# 第7章　特許要件

**先生**　「特許権は、これまでの説明からも分かるように非常に強い権利です。このような強い特許権を受けるためには、発明は所定の条件を満たしていなければなりません。発明であれば何でもよいと言うことではありません。発明が特許されるための条件は、特許要件と呼ばれ、特許法に色々と規定されています。」

## 産業上利用可能性

**先生**　「まず、特許を受けるために発明は産業上利用することができる発明でなければなりません（特許法第29条）。」

**A君**　「そのようなことは分かりきったことのように思えますが。」

**先生**　「この規定は、医療行為は産業ではないとして、特許の対象から除かれるという点で意義があります。医療行為そのものは特許の対象としないのです。
　しかし、医療行為に使用される医薬や検査薬の発明などは、産業上の利用が可能であるので特許発明の対象となります。
さて、特許要件として最も重要なものは、これから話す発明の新規性と進歩性です。」

## 新規性

**先生**　「特許法は、先ず、特許を受けるためには、発明は新規な発明でなければならないと規定しています（特許法第29条第1項）。」

**A君**　「法律の条文をみると、ごたごたと書いてあるように見えますが。」

先生　「ごたごたという表現は適切ではありません。お気持ちはわかりますが。これから、順を追って説明してゆきましょう。」

A君　「お願いいたします。」

先生　「特許法では、発明が特許されるためには、特許出願前に、発明が、下記の1）、2）又は3）に該当しないことと規定しています。
　1）公然知られた発明（公知の発明）、
　2）公然実施された発明（公用の発明）、
　3）刊行物に記載されたもの又はインターネット等で公衆に利用可能となった発明（刊行物記載の発明）

　特許実務担当者は、簡単に、1）を公知発明と、2）を公用発明と、3）を刊行物記載発明と呼んでいます。また、公用の発明も刊行物記載の発明も、公知になっていると考えられますから、これらをまとめて、単に、公知発明とも呼ぶこともあります。」

A君　「特許法は、出願のときすでに公知になっている発明と同一ものは特許しないということですか。」

先生　「その通りです。出願前に、一般人が知っている公知発明を特許しても発明の奨励にならないし、逆に、そのような発明を特許していたのでは、特許法の目的である産業の発達に寄与できないからです。」

A君　「出願前か後かの判断は、出願日を基準にするのですか。」

先生　「出願日を基準とするのでは無く、出願の時刻で判断します。例えば、午前10時に日本国内の、例えば、NHKテレビ放送において公表された発明についてみると、その発明は、午前10時以後公知ということになります。そ

の発明を、その日の午後3時に特許出願しても公知のものとして、特許を受けることができません。」

**A君**　「さらに質問ですが、外国において頒布された刊行物の場合は、時差などありますが、どのような取扱いになるのですか。」

**先生**　「外国で刊行物が頒布された時間を日本時間に換算して判断することになるでしょう。」

**A君**　「そうすると、特許庁の審査で時刻を基準にして審査を行っているのですか。」

**先生**　「特許庁における実際の審査で時刻を基準にして新規性を云々している例は知りません。
　審査官は、ほとんどの場合、先行する内外の特許公報を見ながら発明の新規性を判断しています。現実には、特許公報などの発行日を基準にして前後関係を判断しているということです。」

**A君**　「質問があります。学会で発表した内容を後から出願するという話を聞いたことがありますが、これは新規性の問題はないのですか。」

**先生**　「それは新規性喪失の例外という規定です。簡単に説明しますと、学会発表して発明の新規性が喪失した場合であっても、発表者がその後6ヶ月以内に特許出願すれば新規性は喪失しなかったものとみなすという規定があるのです。これ以外にも新規性喪失の例外が認められるケースがいくつかあります。
　しかし、私は、新規性喪失の例外の規定に頼りすぎることをおすすめしません。」

**A君**　「それはどうしてですか。」

**先生**「学会発表などで公表された内容だけを使って良い特許明細書をつくるのが難しいというのが理由の一つです。また外国出願する場合に例外が適用されないこともあるようです。ほかにも理由があるのですが、専門的になりますので、これ以上の説明は、ここではやめておきます。」

## 公知とは

**先生**「ここで、あとさきになりましたが、『公知』とはどういうことをいうのか、少し掘り下げて説明しておきます。
　公知とは、法律の条文の上では、公然知られた状態をいうのですが、公然知られたとはどう云うことをいうのでしょうか。
　公然知られたとは、秘密保持義務のない人が知る状態をいいます。つまり、自分が知ったことを、他人に自由にしゃべったり、知らせたりできる人が知っている状態をいうのです。秘密保持義務のある人が知っているだけでは公知とはいえないのです。」

**A君**「知っている人の数は多くても、少なくても関係ないということですか。」

**先生**「その通りです。知っている人が多くても、これらの人々が全員、秘密保持義務を負はされている場合には、公知とはいえません。逆に、数名の人が知っているだけであっても、これらの人々が秘密保持義務を負わされていない場合には公知となります。」

**A君**「よくわかりました。」

**先生**「さて、上記の1)、2)及び3)を実例によって説明しておきましょう。
　1)の公然知られたものの例としては、特許出願する前に頒布されたカタロ

グで発表された新型モーターの発明が考えられます。そのカタログをみた人には通常、秘密保持義務はありませんので、そのカタログをみた不特定多数の人が、その新型モーターに使われている発明を知ることができるからです。

2）の公然実施されたものの例としては、特許出願前にゴルフ競技会で使用された新型パターが考えられます。競技会に参加した秘密保持義務のない不特定多数の者が、そのパターの発明を知ることができるからです。

3）の刊行物に記載されたもの又はインターネット等で公衆に利用可能になったものの例としては、特許庁から発行される紙の特許公報に記載された合成繊維の発明やインターネット上で公開された文献に記載されたデジタル信号処理装置の発明などがあります。秘密保持義務のない一般の人々が、特許公報などを閲覧して発明の内容を知ることができるからです。

なお、特許庁の審査官が特許出願を拒絶する際に引用する公知資料としては、特許公報が一番多いのが実体です。したがって、特許出願する場合には、関連分野の特許公報で先行発明をよく調査しておくことが大切です。これにより、すでに公知となっている発明を出願するような無駄をなくすことができます。」

**Bさん**「特許出願前に、公知文献を調査するのは、時間が惜しい気もしますが、特許されない発明を出願するよりはよいというわけですか。」

**先生**「完全な出願前調査には、時間も費用もかかりますが、一定の範囲で調査しておいたほうが経済的だと考えています。」

**C君**「特許権がいったん成立していても、後から公知文献が見つかった場合には、どうなるのですか。」

**先生**「その公知文献がその特許権の出願前のものであれば、あとで詳しく述べますが、特許無効審判を請求して、その特許権を無効とすることができます。」

**C君**　「僕がアルバイトしていた会社が特許権侵害で訴えられたとき、公知文献がないか、徹夜で捜していましたが、そのような理由があったのですね。」

**先生**　「そうなのです。先行の公知文献を発見できれば、その特許権を無効にできる可能性があるからです。」

**Bさん**　「新規性を否定するための先行文献は、外国の文献でもよいのですか。」

**先生**　「勿論です。理屈の上では、例えば、タイ語で書かれた文献なども使うことができます。しかし、タイ語を読める人があまりいませんので、現実に使われた例は、みたことがありません。
　特許庁の審査官も、日本語のほかに英語、ドイツ語、フランス語、ロシア語、スペイン語などの特許公報をつかっているようです。なお、これらには、通常、英語の要約が付いていますので、これによっているのではないでしょうか。」

**Bさん**　「仮に、われわれの知らない言葉で書かれていても、内容が同じならば新規性を否定できるということですか。」

**先生**　「その通りです。　新規性は、特許にとって大変だいじな概念ですから、もう少し掘り下げて考えて見ましょう。新規性があるということは、具体的にはどういうことなのでしょうか。わかりますか。」

**Bさん**　「発明に新規性があるということは、公知の発明のなかに同一のものが見あたらないということです。」

**先生**　「その通りです。出願発明と公知発明を比較して両者が同一である場合には、新規性なしとして特許しないのです。このことから、新規性の判断

は、同一性の判断ともいえます。このことを覚えておいて下さい。

　特許実務の世界では、比較する二つの発明が同一であるとみるか、いや同一でないとみるか、論争することがあります。審査官が出願した発明は公知の発明と同一だから特許できないといったとき、弁理士はこれに反論し、審査官を説得しなければなりません。説得に失敗すると、特許を受けることが出来なくなります。このような場面で、相手をどこまで説得できるか、説得する力が問われます。」

## 進歩性

**先生**　「次に、進歩性について勉強しましょう。特許法は、『その発明の属する技術分野における通常の知識を有する者が、公知の発明から容易に発明できたものを特許しない』としています（特許法第29条第2項）。

　ここで、まず、『その発明の属する技術分野における通常の知識を有する者』とはどんな者なのでしょうか。これは、まったくの素人でもなく、逆に天才的な技術者でもなく、その発明の属する技術分野で平均的な能力を有する技術者であるとされています。

　しかし、現実の特許審査で進歩性を判断するのは、会社や工場にいる技術者ではなくて、特許庁の審査官が進歩性を判断するわけです。したがって、その技術分野を担当する特許庁審査官が、『その発明の属する技術分野における通常の知識を有する者』と考えてよいことになります。

　したがって、出願した発明について、審査官が刊行物に記載された発明から容易に発明できると判断すると、進歩性なしとして特許されないことになります。」

**C君**　「何か割り切れない気もしますが。」

**先生**　「そうかもしれません。しかし、これが現実なのです。ただ、出願人が審査官の判断に納得できない場合には、審査官の判断に対して反論する道があります。」

**C君**「そのような反論は、日常的におこなわれているのですか。」

**先生**「大部分の特許出願は、弁理士が代理して行われていますが、弁理士は、このような反論をすることを日常業務としてやっています。
　それでは次にゆきます。特許法は、このような者が容易に発明できるような発明も保護はしないのです。公知の発明をベースに容易に発明できるようなものを特許することは、特許法の目的である産業の発達に寄与しないからです。
　公知の発明をベースにして容易に発明できるものを進歩性がないともいいます。先に説明した新規性とセットにして、新規性と進歩性というように使われています。」

**A君**「外国でも進歩性が問題になるのですか。」

**先生**「世界共通です。ただ、米国の特許実務では、進歩性とはいわず、『非自明性（non-obvious）』という言葉が使われています。自明ではない、つまり明らかでないということですから、この言葉の方が内容をよく表しているともいえます。」

**先生**「それでは、進歩性の判断はどのようにして行われるのか、説明しましょう。新規性の判断では、同一性が問題となることをすでに説明しました。
　これに対し、進歩性の判断では、出願された発明と公知発明を比較した場合、両者は同一ではなく、したがって新規性はある。ところが、その違いがそれほど大きなものではなく、出願発明が公知発明から容易に発明できる程度のものであるのか、どうかということが問題となります。」

**A君**「公知発明に対してプラス・アルファがあるのか、どうかということですか。」

**先生**　「そうですね。プラス・アルファが容易か否かを考えることになるといえます。」

**先生**　「なお、現実の特許実務をみますと、進歩性の判断では、一つの公知発明ではなく、二つ以上の公知発明を組合せることにより容易に発明できるという理由で、進歩性が否定される例がほとんどです。
　特許実務担当者は、1たす1が2では、進歩性がなく、1たす1が3でなければいけない、と説明することがあります。」

**C君**　「1たす1が3というところがのみこめません。」

**先生**　「例えば、プロペラ船というのを知っていますか。船にスクリュウをつけないで甲板にプロペラをつけた船の進歩性を考えることにします。
　先行文献Aで船が公知であり、プロペラ推進器も先行文献Bで公知であるとすると、プロペラ船は先行文献AおよびBから容易に発明できるとして否定されます。なぜなら、プロペラ船が、先行文献AおよびBから予想される以上のものではないからです。」

**A君**　「わかりました。なにか他の例があれば教えてください。」

**先生**　「そうですね。昔の判決を一つ紹介しましょう。その判決は、要約すると次のように述べています。
　『本願発明により製造された積層材が、強度その他の面において、従来のものに比べて若干優れた特性を有するとしても、それは当業者の容易にすることができる選択にしたがい、ポリエチレン樹脂に代えてポリプロピレン樹

脂を選んだ結果もたらされたものであり、進歩性の判断を左右しない。(参考：東京高裁判決昭和41年3月29日　昭37（行ナ）199）』
　単なる材料の変更は容易であるとされているのです。」

**C君**　「先行文献Aと先行文献Bをあわせて、そこから予測される効果以上のものがあれば、進歩性ありということですね。」

**先生**　「その通りです。特許実務では出願人が、出願した発明は予想外の効果を有するものであると主張することが多いのです。」

**先生**　「ここまで新規性や進歩性についてのべてきましたが、ここで特許審査がどのように進行するのか説明しましょう。
　すでに述べましたように、出願された発明が新規性と進歩性を具備しているか否かの審査は、特許庁の審査官が行います。そして審査官が新規性や進歩性を具備していないと判断したときは、特許出願人に対し拒絶理由を通知します。
　その際、特許出願人は、審査官の判断に必ずしも同意するわけではありません。むしろ、ほとんどの場合、特許出願人は審査官の拒絶理由に対し反論します。
　この反論に対し審査官はさらに審査し、拒絶理由がないか判断します。そして、最終的に拒絶理由がないということになれば、特許されることになります。」

**A君**　「質問ですが、新規性の判断よりも、進歩性の判断のほうが難しいように思われますが。」

**先生**　「そうなのです。新規性の場合には、例えば、出願された発明Pと公知文献①の発明とが同じかどうか判断すればよいのです。
　これに対し、進歩性の場合は、例えば、出願された発明Pが、公知文献②の発明と公知文献③の発明との組合せから容易にできるのか、どうか判断

することになるのです。進歩性のほうが判断するのが難しいのです。」

**A君**　「審査官もたいへんですね。」

**先生**　「そうなのです。たとえば、審査官が出願された発明Cを読んだ後で、あと知恵で、文献Aの発明と文献Bの発明から容易に発明できるということができたとしても、発明Cの進歩性を必ずしも否定できません。」

**A君**　「『あと知恵』とは、どういうことですか。」

**先生**　「答えを先に聞いてから、その答えに到達する方法を考えることです。特許審査の場合で言うと、出願された発明をみた後で、その発明を分析し、原理を理解してから、そういう原理ならば、このような先行文献を組み合わせれば発明できるという論法のことです。
　このような論法を使って進歩性を否定することはできないとする説が、最近、有力となってきました。」

**C君**　「わかるような気がします。われわれの日常生活でも、答えを聞いてから、その答えにたどり着く道筋を考えるのはらくですから。」

## 先願性

**先生**　「次に重要な特許要件は、特許出願が先願であることです。同一の発明が別々の日に出願された場合、最先の出願のみが特許されるということです（特許法第39条）。
　早い者勝ちということです。例えていうと、競馬のようなものと考えてよいでしょう。1着に入った馬だけが優勝するのとおなじです。2着では駄目なのです。
　これを先願主義といいますが、先願による後願の排除ともいいます。」

**Bさん**「私の兄が、会社の知的財産部で働いていますが、何か、休日出勤してまで、いそがしそうに働いているのは、先願主義ということと関係がありそうです。」

**先生**「そうですね。1日でも早く出願しようと頑張る理由はここにあります。のんびりしていると、他人に先を越されてしまうからです。」

**先生**「私も、以前、研究所で働いていたことがあります。その頃、まさか他人が自分と同じ発明を目指して研究しているはずがない。これを研究しているのは世界中で自分だけだと考えたこともあります。しかし、現実の世界では、同じ発明が数日の違いで出願されるケースがあるのです。それは、同じニーズや同じ課題に気付いている人が、世界中に沢山いるということでしょう。

　たとえば、太陽光発電した電気を蓄えるためや、電気自動車のために効率のよい大型蓄電池の開発のニーズを感じている人々は世界中にいます。その結果、あちらこちらで、同じような電池が相次いで発明されることになります。

　また別の分野では、食塩の害についていろいろといわれています。そこで健康によい人工塩味料の開発に取り組んでいる人々もあちらこちらにいるの

ではないでしょうか。

　そのほか、エイズ治療薬の開発に取り組んでいる人々もあちこちにいます。これまでの発明の歴史を調べると、不思議と似たような発明があい前後して出現しています。」

**Bさん**　「私の兄も、会社で発明が完成したときは、忙しいということですね。」

**先生**　「なお、同一発明について同じ日に複数の出願があった場合は、出願人同士で協議して決定した一人の出願人のみが特許を受けることができることになっています（特許法第39条第２項）。」

**Bさん**　「協議が成立しないときはどうするのですか。」

**先生**　「協議不成立の時には、だれも特許を受けることができません。」

**先生**　「先願主義の関係で、一言つけ加えることがあります。特許法では、特許出願書類を郵便により提出した場合、郵便局に差し出した日時に特許庁に到達したものとみなすこととしています。それは、先願主義のもとで遠隔地の者などが不公平にならないようにするためです。（特許法第19条）

　さらに、先願と後願との関係では、後願の発明が、他人の先願の明細書に記載されたものと同一の場合、特許されません。先願は同一内容の後願を排除するのです。（特許法第29条の２）。

　このように、特許出願するときには、他人より一日でも早く出願することが重要となります。」

**C君**　「先願主義をとっている国は、わが国以外にもあるのですか。」

**先生**　「今では世界中の国が先願主義をとっています。

アメリカは長年先発明主義をとっていましたが2013年から先願主義をとることになりました。先発明主義というのは、先に発明した者に特許を与えるというものです。このやり方では、誰が先に発明したか前後の関係を調べるのに大変な手間と費用がかかり、弁護士は儲かるが、企業は困るということがありました。」

**Bさん**　「先願主義ということは、一日でも早く出願しなければなりません。他方、発明者としては、できるだけ権利範囲の広い特許を取りたいのですが、発明の適用範囲の全貌がなかなかつかめません。研究者としてはもう1日、もう1日と研究を続けて出願を延期したくなります。」

**先生**　「私も、弁理士を始める前は研究所にいましたので、そのことはよくわかります。発明というものは海に浮かぶ氷山のようなもので見えている部分より隠れている部分のほうがおおきいのです。発明者としては発明の全貌をすっかりつかんでから、できるだけ権利範囲の広い明細書を書きたい。しかしそれでは先願競争に負けてしまう。
　こんなときにどうするか。一人で悩まずに特許に詳しい人、例えば、その技術分野に詳しい弁理士に相談するとよいと思います。どの辺で区切りをつけるのかアドバイスしてくれると思います。発明王として有名なエジソン（1847-1931）には優れた弁理士がついていたといわれています。なお、平成26年弁理士法改正では、弁理士が出願以前のアイデア段階での相談業務ができることが明確化されました。」

## 明細書等の記載要件

**先生**　「これまで、特許要件のなかで特に重要な、新規性、進歩性および先願性について述べてきました。しかし、特許要件のなかで触れておく方がよいと思うものが他にもあります。
　それは特許出願の際に提出する書面の記載に関するものです。特許法は、特許出願の際願書に添付する発明の明細書の記載や特許請求範囲の記載に関

し規定を設けています。

　明細書いうと、飲み屋の請求書しか知らない人がいますが、ここで話すのは特許の明細書です。ここで、明細書とは特許出願する発明の内容を詳細に説明する書面です。そして特許請求範囲は、特許権の権利の範囲を決めるものと考えてください。順を追って説明します。

　まず、特許法は、明細書の記載については、発明と同じ技術分野の通常の知識を有する者が実施できる程度に明確にかつ十分に記載しなければならないとしています（特許法第36条第4項）。簡単に言うと、マネができる程度に記載しなさいということです。

　ところが、特許出願人の中には、自分の発明を他人に模倣させまいとして、発明の開示を十分に行わず、特に、一番よい発明は開示しないで、二番目、三番目の発明を開示して、特許権だけは頂きたいと考える者がいます。

　このような行為は、発明開示の代償として特許権を付与するという特許制度の精神に反するものであり、公益上認めることはできません。

　化学分野の特許の場合の経験を言いますと、特許明細書の実施例に記載されたとおり実施しても、なかなか再現実験ができないのが現実です。もう少し詳しく情報開示して頂きたいものです。特許法は、このような記載では不十分である。もっと詳しく書くように規定しているのです。」

**A君**　「発明の内容を詳しく説明しないで、特許権だけ下さいというのは駄目ということですか。」

**先生**　「そういうことです。特許法の目的に反する行為なのです。」

## 特許請求の範囲

**先生**　「それでは、次に特許請求範囲の記載について説明することにしましょう。特許出願の願書に添付する特許請求の範囲のことですが、これには特許を受けようとする発明を特定するために必要な事項（発明特定事項）の全てを記載することになっています（特許法第36条第5項）。

特許請求の範囲には発明特定事項を全て記載しなさいということです。一つでも省略すると、実際に完成した発明よりも広い範囲の権利を請求することになるからです。
　なお、ここでいう発明特定事項のことを発明の構成要件ということもあります。」

**A君**　「少しわかりにくいのですが。例をあげて説明していただけませんか。」

**先生**　「例えば、『亜鉛を10から12％含有し、錫を１から３％含有し、鉛を0.1から0.2％含有する屋根板用銅合金』を発明した場合、特許請求の範囲に、『亜鉛10から12％、錫１から３％及び鉛0.1から0.2％を含有する屋根板用銅合金』と記載することは問題ありません。
　しかし、『亜鉛10から12％及び錫１から３％、を含有する屋根板用銅合金』と記載することは認められません。このような記載をすることにより、実際に発明した屋根板用銅合金よりも特許請求の範囲が広くなるからです。

**A君**　「鉛の含有量について記載しないと、権利範囲が広くなるというのがわかりません。」

**C君**　「条件の数が少なくなるほど、範囲が広くなる。条件の数が多くなるほど範囲がせまくなると考えてよろしいでしょうか。」

**Bさん**　「お婿さんを選ぶ条件の数が多くなるほど選べる範囲が狭くなるのと同じですね。」

**先生**　「そうですね。昔は三高といって、背が高く、学歴が高く、さらに収入が高いのを条件とした人がいました。
　一般的にいうと、特許請求の範囲の文章が長くなるほど特許請求の範囲は狭くなります。何故かと言うと、特許請求の範囲には、特許を受けようとする発明を特定するために必要と認められる事項のすべてを記載しなければな

らないからです。もう少し簡単に言うと、発明を特定するための条件をすべて記載することになります。特許請求の範囲の文章が長いということは、発明を特定するための条件が沢山あるということになります。そして、条件の数が多くなれば、範囲が狭くなります。

　私も弁理士の仕事をしておりますと、いろんな方から、この発明は特許されるだろうかというような質問を受けることがあります。特許請求の範囲に15行以上書いてあると、多分、だいじょうぶだろうと思います。発明を特定する条件が多く、したがって、特許請求の範囲も狭くなるからです。逆に、3行程度ですと、難しいかもねと思います。発明を特定する条件の数が少ないので、特許請求の範囲が広くなってしまうからです。一般的にいって、特許請求の範囲の広い発明は特許を受けることが難しく、逆に、特許請求の範囲の狭い発明は特許を受けることが易しいといえます。」

**Bさん**　「ところで、特許請求の範囲というものは、どのような役割をはたすのですか。」

**先生**　「特許請求の範囲は、特許権の権利範囲を定めるもので大変重要なものです。
　特許法では、他人の行為が特許権を侵害しているか否かを判断するには、特許請求の範囲の記載に基づいて定めることになっています（特許法第70条）。」

**Bさん**　「裁判所でやる特許権の侵害裁判では特許請求の範囲をベースに判断するということでしょうか。」

**先生**　「その通りです。これから私が言おうとしていたことを先に言われてしまいました。」

**Bさん**　「そうだとすると、特許請求の範囲の記載はよく考えて起案する必要があるということですか。」

**先生**　「そうなのです。慎重の上にも慎重にということです。実際の裁判では、カンマひとつの違いで、侵害か非侵害の結論が変わることもありえますから。

　特許請求の範囲の記載について、さらに詳しくのべますと、その記載のしかたについては、特許明細書のなかに開示した発明の詳細な説明に記載したものであることと規定されています（特許法第36条第6項）。明細書中で開示した発明と異なることはもちろん認められません。

　また、明細書のなかでは、狭い範囲の発明を開示しておいて、開示した発明よりも広い特許請求の範囲を記載することは認められません。公益に反することとなるからです。

　開示した発明と、特許請求の範囲、つまり、権利範囲は釣り合ったものでなければなりません。」

**A君**　「たとえていえば、過大包装はいけないということですか。立派で大きな箱のお土産をいただき、箱をあけてみると中の品物は貧弱な物ということがありますが、あれではいけないということですか。」

**先生**　「その通りです。」

**C君**　「特許実務では、どのように記載されているのでしょうか。」

**先生**「実務上ということになりますと、出願の書類では、やや広めの特許請求の範囲を提出しておいて、特許庁審査官とやりとりする段階で、特許請求の範囲を適正に修正することが多いようです。

　特許要件は他にもありますが、ここではこの程度にしておくことにします。」

# 第8章　審査と特許異議の申立て

**Bさん**「特許庁に提出した特許出願が特許要件を満足していない場合には、審査官が出願を拒絶することができるということですが、審査官によってバラつきはでないのですか。」

**先生**「審査官が特許出願を拒絶できる場合が特許法第49条に規定されていまして、それ以外の理由で拒絶できません。特許法第49条によりますと、これまで述べてきました特許要件を満足していない場合のほかいくつかありますが、実務上頻度が高いのは、新規性、進歩性の欠如です。」

**Bさん**「審査官が審査した結果、拒絶する理由が見つからない場合には、特許されるということですか。」

**先生**「その通りです。審査官は、『この発明が大変優れたものであるから特許する。』とは言わないのです。『拒絶する理由がないから特許する。』と言うのです。
　さて、審査官の審査に合格し、特許料支払いをすませると特許明細書などの出願書類が特許公報に掲載されることになります。
　ここで大切なことを説明しなければなりません。平成26年の特許法改正で、特許異議の申立ての制度が導入されました。
　その骨子は次のようなものです（特許法第113条）。
　特許掲載公報の発行の日から6月以内に限り、誰でも、特許が特許要件を満たしていないことなどの理由で特許異議を申立てることができるというものです。」

**A君**「それは、審査官が見落としていた先行文献などを示して、新規性や進歩性がないから、特許されるべきではないと主張するものですか。」

先生 「そのようなケースが多いと思います。」

A君 「特許異議の申立ては、前に特許査定をした審査官が審理するのですか。」

先生 「いえ違います。3人又は5人の審判官の合議体が審理します。そして、特許異議申立人の主張通りであると決定された場合には、特許は取消されます。
　取消し決定が確定したときは、その特許権は初めから存在しなかったものとみなすことになっています。」

C君 「特許権を無効にするためには、無効審判の制度が既にありますから、特許異議の申立ての制度の新設は、屋上屋を架す感じもしますが。」

先生 「たしかに、特許権を無効にするためには無効審判の制度があります。しかし、特許異議の申し立ての制度は、書面審理のみの比較的利用しやすいものであり、特許権の早期安定化を可能とすると言われています。」

A君 「無効審判の制度にくらべ、特許異議の申立ての制度は使いやすいということでしょうか。」

先生 「そのように考えています。
　ところで、特許異議の申立てができる期間は、特許掲載公報発行の日から6ヶ月と短いですから、特許公報のチェックをまめにやる必要がありそうです。」

A君 「特許公報を常時見張る必要があるということですか。」

先生 「そうですね。特許公開公報の段階から目を付けた他人の特許出願を見張るシステムをつくっておくと役立ちそうです。実は、以前にも特許異議

の申立ての制度が存在した時期がありました。その頃は、他人の特許出願の成行きの見張りを引き受ける会社もありました。」

# 第9章　特許権の制限

**先生**　「これまで述べてきましたように特許権は大変強い権利です。強い権利であるが故に、特許出願の審査は厳格におこなわれるのですが、特許された権利にも色々の制限がついています。」

## 権利の濫用

**先生**　「先ず、民法上のあらゆる権利に当てはまる原則ですが、権利を濫用することは許されません（民法第1条）。」

**C君**　「先生、われわれは今、特許法の勉強をしているのです。何故、民法という言葉がでてくるのですか。」

**先生**　「素朴な疑問ですね。まず、民法は、私人間の財産や家族に関する一般的なルールを定めたものです。ところで、特許法は財産の一種である特許権に関するルールを取りきめたものです。
　したがって二つの法律の関係を見ると、民法は一般法であり、特許法はその特別法であるという関係にあるのです。だから、特許法も、基本のところは民法によるのです。」

**C君**　「なるほど。」

**先生**　「さて、話はもどって、権利の濫用とは、どんなことを言うのでしょうか。
　見たところは権利の行使と認められるけれども、その具体的な状況や結果をみてみると、法律上そのようなことを認めることは妥当でないと判断されることをいいます。」

**A君**　「何か事例で説明していただけませんか。」

**先生**　「昔の裁判例ですが宇奈月温泉事件というのがあります。これを説明しましょう。

　ある会社が、宇奈月温泉の源泉である黒薙温泉から宇奈月まで約7キロメートルにわたり引湯管を設置しました。ところが、この引湯管が、了解を得ていない地主の土地約2坪の上を通っていました。そこで、この地主が、引湯管の撤去を求めた事件です。

　地主にすれば、自分の土地の権利を主張しているのだから何も不当なことはないということなのです。しかし、この土地は、急傾斜の荒地であり、ほとんど価値のない土地でありました。他方、仮に地主の主張を認め、引湯管を撤去すると、温泉側は多大な損害をこうむることとなりました。大審院は、地主の主張は、権利の濫用であるとして地主の主張を退けました。」

**A君**　「権利があるからといって、いつも100％の権利行使ができるわけではないのですね。それから、大審院というのは、現在の最高裁判所のようなものでしょうか。」

**先生**　「そうです。

　さて、権利の濫用を特許権についてみてみますと、例えば、特許権に無効理由があることが明らかであるのに、それにもかかわらず、相手方に対して差止請求などの権利行使をすることがあげられます。このようなとき、特許権者は権利行使することは許されません（特許法第104条の3）。」

## 無効審判

**A君**　「先生、無効理由のある特許権がどうして存在するのですか。」

**先生**　「説明しましょう。特許権の有効、無効は特許庁において判断されることになっています。しかし、特許すべきではないものを特許庁の審査官が

誤って特許してしまうということがあるのです。その結果、特許無効の理由があることが明らかな特許が存在することになります。」

**A君**　「もう少し具体的にお願いします。」

**先生**　「たとえば、特許出願前からある公知文献に、その発明が記載されていたようなときは、その発明は新規性がないので、これを特許すべきではありません。しかし、審査官がその公知文献を見落としてしまうことがあるのです。審査官は審査の専門家であり、自分が担当する分野の先行文献を熟知しているはずです。しかし、審査官も人の子、その公知文献を見落として特許してしまうことがあるのです。」

**C君**　「いったん特許されていながら、後に無効となる特許権が存在するということですか。」

**先生**　「残念ながらそうなのです。そのため、特許権者が特許権侵害訴訟を提起しようとするときには、事前に、自分の特許権に無効理由が無いかどうか十分に調査検討しておくのが大切だと考えています。

自社の特許権に無効理由があることに気づかず、侵害訴訟を起こし失敗したケースがあります。有名な会社ですが、ここではその名前を挙げることは遠慮します。

ところで、いったん訴訟が始まれば、訴えられた相手方は、必ず、特許権が無効でないか調査し、その点を攻めてくるのです。ですから、このような訴訟開始まえの調査は決して無駄にはならないのです。」

**Bさん**　「自分の特許権が無効になった場合、特許庁からお知らせは無いのですか。」

**先生**　「いったん成立した特許権を特許権者の知らないところで無効とすることはできません。

特許権を無効にするためには、特許無効審判という手続きが必要でありまして、この手続きでは特許無効審判を請求した者と特許権者が主張を戦わせるかたちで進行します。両者の主張、立証をみて審判官が結論を出すのですが、それは特許権者に知らされます。」

**Bさん**　「特許無効審判について、もう少し説明してください。」

**先生**　「平成26年特許法改正で、新たに特許異議の申立ての制度が導入されました。その結果、他人の特許権を無効又は取消にする方法は、従来からある無効審判の制度の二本だてとなりました。それぞれに、特徴がありますが、特許異議の申立て制度については、第8章で説明しましたので、そちらをご覧ください。ここでは、無効審判の制度について、概要を説明しておきましょう（特許法第123条）。

**Bさん**　「お願いします。」

**先生**　「特許無効の審判は、特許権に無効理由がある場合に、審判によってその特許を無効とし、特許権が初めからなかったものとすることを目的とする審判です。」

**C君**　「その審判は誰でも請求できるのですか。」

**先生**　「平成26年特許法改正で、利害関係人のみが請求できることとなりました。」

**A君**　「利害関係人とはどうゆう者ですか。」

**先生**　「この場合の利害関係人とは、特許権者ではないが、特許権の有無によって利益・不利益を受ける者と解してよいと考えます。具体例としては、その特許権に抵触する恐れのある生産活動などを行っている者があげられま

す。」

**A君**　「要するに、その特許権が邪魔な者ですか。」

**先生**　「ちょっと荒っぽいですが、そのように考えてもよいでしょう。」

**A君**　「無効審判を請求する理由としては、どのようなものがあるのですか。」

**先生**　「無効審判を請求することができる理由は、特許法第123条に列挙されていますが、特許法第49条に規定されている拒絶理由とほとんど同じです。若干違っているところもありますが。」

**A君**　「そうすると、無効審判でも新規性、進歩性が論点になるケースが多いのですか。」

**先生**　「その通りです。ですから、無効審判を請求しようとする者は、通常、先行文献の調査に時間、費用をかけます。」

**C君**　「先に説明のあった特許異議の申立ての制度では、申立てできる期間が半年ほどで短かったのですが、無効審判を請求できる期間はどのくらいですか。」

**先生**　「特許権の設定登録後、いつでも請求できます。その特許権の消滅後においてもできます。」

**C君**　「特許権の消滅後に無効審判を請求する利益があるのですか。」

**先生**　「特許権の無効は、遡及的に効果が生じるので、つまり特許権が初めからなっかたことになるので、特許権消滅後であっても、その特許権を無効にすることの実益があるケースがあるのです。」

**C君**　「実益があるケースの具体例をお願いします。」

**先生**　「そうですね。特許実施料を支払っている場合には、支払い済みの特許実施料の返還を請求することができるかもしれません。」

## 効力が及ばない範囲

**先生**　「次に、特許権の制限で問題となるのは、特許権の効力が及ばない範囲があることです（特許法第69条）。
　以下、順次説明してゆきます。」

## 試験、研究のための実施

**先生**　「まず、特許権の効力は、試験や研究のためにする実施には及ばないことになっています。例えば、他人が完成した特許発明の効果を実証するために試験を行う者、また、改良発明を生み出すために研究する者がいる場合、これらの者の行為は特許権の侵害とはなりません。」

**A君**　「このような試験、研究は、技術の進歩に役立つものであるから、特許権の効力が及ばないこととしているのでしょうか。」

**先生**　「その通りです。すこし、特許法の考え方がわかってきたようですね。」

**Bさん**　「試験、研究であるといいながら、製品をつくり販売するようなことをする者がいないのですか。」

**先生**　「残念ながら、試験研究であると言いながら、事業をおこなっていた例があります。裁判になり、特許権侵害とされたケースもあります。限度を超えてはいけないということです。」

## 出願の時から日本国内にあるもの

**先生** 「次に、特許権の効力は、特許出願の時から日本国内にある物にはおよばないことになっています。

特許権者が特許出願した時点ですでに存在した物に、後発的に特許権の効力を及ぼすこととすると、法的安定性が著しく害されるからです。それまで何の問題も無く使用してきた物が、特許権侵害訴訟を機に、ある日を境に使用できなくなるというのは誰にとっても困ることです。」

**C君** 「先生、このような物が特許出願の時にすでに存在し、しかもその物が公知であったとすると、その物を特許出願しても、本来、特許されないはずだと思うのですが。」

**先生** 「確かに、その通りです。したがって、この条文が適用されるのは、その物が秘密に保持され、その結果公知にはなっていない場合のみであると考えられます。」

**先生** 「上記のほか、特許権の効力の及ばない範囲としては、日本国内を通過するに過ぎない船舶、航空機等がありますが、これは国際交通機関の運行上の利便性を考えてのことです。

さらに、特許権の効力の及ばない範囲として医師または歯科医師の処方箋による調剤行為がありますが、これは医療行為の円滑な実施を妨げないため公益上の配慮です。」

# 第10章　利用関係

**先生**　「ここで、上述の特許権の権利の制限ではないのですが、諸君の注意を喚起したいことがあります。
　それは、他人の特許発明等を利用する利用関係に関する問題です。特許のことをあまりご存知で無い経営者がよく陥る過ちがあります。自社が、ある特許権を保有している場合、自社はその特許された発明を、他社からなんの制約もなく、自由に実施できると考えていることです。」

**Bさん**　「特許権を持っていても、その特許発明を自社の業務に使えないというようなことがあるのですか。」

**先生**　「あるのです。自分の会社がその発明の特許権を持っていても自由にその発明を実施できない場合があるのです。」

**Bさん**　「いったい、それはどのような場合ですか。」

**先生**　「これから説明します。よく聞いて下さい。
　特許法は、『特許権者は、その特許発明がその特許出願より先に出願された他人の特許発明を利用するものであるときは、その特許発明を実施することができない旨』規定しています（特許法第72条）。
　わかりやすく云うと、特許権者であっても自分の特許発明が、自分の特許発明の出願日より先に出願された他人の特許発明を利用するときには、自由に実施できないのです。」

**C君**　「先生、『利用する』とは、一体どのようなことを言うのですか、そこのところがなにかありそうです。」

**先生**　「説明しましょう。実は、利用については、法律の専門家のあいだでも、

いろいろな学説があるのです。ここでは実務に役立つ程度のことを説明しますが、分かりやすくするため、事例で説明します。

　自分の特許発明Qよりも先に出願した他人の特許発明Pが存在し、自分の特許発明Qを実施すると、必ず他人の特許発明Pを実施することになることを『利用する』とか『利用関係がある』といいます。このような場合、特許発明Pの権利者からライセンスを受けなければ、特許発明Qの権利者は、Qを実施することができないのです。」

**C君**「もう少しやさしくお願いいたします。」

**先生**「それでは、さらに具体例で説明します。

　たとえば、先願発明である腕時計の発明PがA（文字盤）、B（短針）、C（長針）の三つの構成要素からなり、後願発明の腕時計の発明QがA、B、C、及びD（秒針）の四つの構成要素からなる場合を考えて見ます。

　ここで後願発明Qを実施すれば、発明Qには、発明Pの構成要素であるA、B、Cがすべて含まれています。つまり、先願発明Pを実施することになります。このような場合、後願発明Qは先願発明Pを利用する関係があるといいます。」

**A君**「何か分かったようで、はっきりしません。」

**先生**「それでは、別の例で説明しましょう。

　先願発明Pが、AとBを加熱してCを合成する合成法です。そして、後願発明Qが、AとBを加熱してCを合成する際に、触媒Dを添加して収率を上げる合成法であるとします。このような場合には、後願発明Qを実施すれば、必ず、先願発明Pを実施することになります。このようなときに、後願発明Qは先願発明Pを利用する関係があるといいます。」

**C君**「少しわかった気がします。」

先生 「よく理解していただくために、もう一つ例をあげておきましょう。

　特許権者Jが、化合物XにOを作用させて化合物Yをつくる特許を持っているとします。その後、Kが化合物XにOとPを同時に作用させて化合物Yを効率よくつくる発明を完成し特許をとったとします。この場合、Kが自分の特許発明を実施しようとするとJの特許を利用することになるのです。

C君 「だいぶ分かりました。」

先生 「ところで、世の中で新規な発明と言われるものは沢山あります。しかし、よく調べてみると、それは基本となる発明が先に存在し、その基本発明を改良したものであることが多々あります。全ての発明には、そのもとになる発明が存在すると言う人もいます。

　その昔、ナイロンが発明されて驚いたものですが、調べてみると、1800年代の終わりごろの文献に、その基礎とおもわれる高分子の記述があります。このように考えると、利用関係の問題は、改良技術の開発にはつきものであり、常に起こりうることと考えた方がよいということになります。」

A君 「先生、ところで先願発明Pの特許権が期間満了で消滅している場合には、先願発明の権利のことを気にする必要がありませんね。」

先生 「その通りです。

　話をもどします。このように利用関係がある場合には、自分がある特許権を持っているからといって、その特許発明を自由に実施できるわけではないのです。

　私が、この利用関係の問題を経営者のみなさまに説明するために使ってきたたとえを話しましょう。

　特許権Qは2階建ての建物の2階部分であり、特許権Pはその建物の1階部分です。この建物の2階部分を使おうとすると、どうしても1階を使うことになる。2階は1階の上に乗っかっていますから。」

第10章　利用関係

**C君**「それでは、特許権Pを持っている人は、特許権Qを使えるのですか。」

**先生**「使えません。特許権Qを持っている人からライセンスを受ける必要があるのです。」

**C君**「そうすると、どちらも相手からライセンスを貰わないと特許権Qを実施できないということですか。」

**先生**「まさにその通りです。このような場合、おたがいに相手方にライセンスを与えることがあります。このようなライセンスをクロス・ライセンスといいます。」

**C君**「だいぶ専門的になってきました。」

**先生**「そうですね。ついでにもう少し難しい話をします。
　利用関係は、実務上、たびたび問題になる事項ですから、しっかり頭に叩き込んでいただきたいと思います。特許権はいかなる権利であるか考えるとき、上で述べた利用関係のことから考えると、特許権は特許発明を自ら実施する権利であると考えるよりも、むしろ他人に特許発明を実施させない権利（排他権）であると考えた方がわかりやすいのではないでしょうか。」

# 第11章　実施権（ライセンス）

**先生**「これまでも述べましたように、特許発明を実施する権利は特許権者が専有しています。このため、特許権者以外の者が特許発明を実施するためには、特許権者から実施権（ライセンス）を受ける必要があります。
　そして、実施権には、法律によって強制的に無償で設定されるものもありますが、ほとんどは、特許権者と実施権を受ける者との間の契約で決まる有償の実施権です。」

**A君**「特許権者は、必ず他人に対し実施権を与える義務があるのですか。」

**先生**「そんなことはありません。特許権者は、他人に対し実施権を与えることを拒否することもできます。新薬の特許などでは、特許権者だけが独占的に製造販売するために、実施権を誰にも与えないことがあります。」

**A君**「わたくしの兄はエレクトロニクス関係の会社に勤めていますが、いつも実施権を与えるとか、貰うとかいう話をしています。」

**先生**「そうですね、エレクトロニックス製品の特許の場合には、相手を戦略的に選んで実施権を与えるケースが多いようです。エレクトロニックス製品の分野では、一つの製品をつくるために沢山の特許発明が必要になる。自社の特許発明だけで製品を完成することができないことがままあります。そのためこの分野では複数の会社が互いに特許権のライセンスをすることが多いのです。
　また、特許権者は、自社だけで、世界中の需要を満たすだけの生産をすることができるのかとか、自社だけで世界中の市場の開拓や販売ができるのかなど、いろいろと考えなければなりません。」

**Bさん**「どの会社と提携し実施権を与えるかということをよく考えて決め

ねばなりません。そうすると実施権の取扱いは会社経営戦略と直結すると考えてよいのですか。」

**先生**　「そうなのです。よいところに気がつきました。
　繰り返しになるかもしれませんが、説明しましょう。事業を行うために、自社の特許権の実施権と他社の特許権の実施権をやりとりすること、このように実施権をお互いにやり取りすることをクロス・ライセンスといいますが、その必要性や、相手企業をどこにするかなど事業戦略のカナメとなります。」

**C君**　「知的財産部門の責任者が、事業戦略に参画するのですか。」

**先生**　「そのとおりです。実施権のやり取りをどのように行うかは、企業の事業戦略にとって非常に重要な問題であり、企業トップが最終決定すべき事項です。そして、これを補佐するのが、先にも述べました知的財産部長CIPO（Chief Intellectual Property Officer、知的財産執行役員）ということになります。」

**専用実施権**

**先生**　「さて、実施権は、その権利の効力によって、専用実施権と通常実施

権とに分けられます。

　専用実施権は、一定の範囲内で、その特許発明を独占的に実施することができる権利です。いったん他人に専用実施権をあたえると、特許権者であっても、その範囲のなかでは発明を実施することができません（特許法第77条）。

　また、一定の範囲で誰かに専用実施権を与えた後は、その同じ範囲内で専用実施権を別の人に与えることはできません（特許法第68条）。さらに、後で説明する通常実施権を与えることもできません。

　したがって特許権者としては、専用実施権を与えることは慎重の上にも慎重におこなうことが肝要です。」

**C君**　「特許権者が、特許権の範囲全てで専用実施権を他人に与えた場合、特許権者はどのような権利がのこるのですか。」

**先生**　「発明の実施という面では権利がなくなります。残るのは、専用実施権の実施料を徴収する権利ぐらいと考えてよいでしょう。

　具体例を説明しておきましょう。

　ドイツのハイデルベルグの近郊あるH建材製造会社が、ある建材の製造方法を日本のD会社に技術輸出しました。日本のD会社は、専用実施権をくれるならば、実施料を高くしてもよいと申し出ました。話し合いの結果、H社は専用実施権をD社にあたえ、他方、D社はH社に頭金3,000万円を支払い、さらに製造開始後は、売上金額の５％の実施料を支払うということで合意ができました。

　その後、D社は技術導入した建材を製造し販売を始めましたが、日本ではサッパリ売れません。その結果、H社が期待していた５％の実施料を受け取ることができません。しかも、D社に専用実施権を与えた以上、H社が別の会社に実施権を出すこともできません。H社が専用実施権を与えたのは失敗だったということです。」

**C君**　「実施権を受ける際、専用実施権を受けると対価が高くなるのに、これを希望するのはどうしてですか。」

**先生**　「専用実施権を受けると、競争相手がいなくなり市場競争が楽になるのです。逆に、競争相手がいると市場で商品の値下げ競争をやらされることになるのです。」

## 通常実施権

**先生**　「通常実施権は、特許発明を実施することができる権利ですが、専用実施権とことなり、実施する権利を専有するものではありません。したがって、特許権者としては、通常実施権を与えた後も、同じ範囲内で自ら実施することができますし、他の第三者に重ねて通常実施権を与えることもできます（特許法第78条）。」

**先生**　「なお、特許権者が、特定の相手にのみ通常実施権を与え、他の者には実施権を与えないと約束することがあります。このような実施権を独占的通常実施権と呼ぶことがあります。この場合は、特許権者の自ら実施する権利が残るというところが専用実施権とことなります。」

**A君**　「特許権者が、独占的通常実施権を与えた後、第三者に通常実施権を与えたときにはどうなるのですか。」

**先生**　「契約違反の問題が発生します。ただし、特許権者が、第三者にも通常実施権を与えたい場合には、事前に独占的通常実施権を与えた相手と交渉して、契約内容を非独占的実施権に変更しておけば、契約違反の問題は発生しません。」

**A君**　「独占的通常実施権を与えた相手が、契約変更に応じない場合にはどうなるのですか。」

**先生**　「第三者に通常実施権をあたえることを断念するしかないでしょう

ね。」

## 法定実施権

**先生**「先に述べた特許権者との契約により発生する実施権のほかに、特許権者の意思とは無関係に、法律の規定により当然発生する法定実施権があります。

このような法定実施権は、特許権者の意思に関係なく、しかも無償で発生します。このような法定実施権は、公益上の必要から法定されているのですが、こまかくみると次のようなものが規定されています。

すなわち、
1） 職務発明につき、会社等が有する通常実施権（特許法第35条）。
2） 先使用による通常実施権（特許法第79条）。先使用権ともいう。
3） 無効審判の請求登録前の実施による通常実施権（特許法第80条）。
4） 意匠権の存続期間満了後、抵触する特許権に対する通常実施権（特許法第81条、第82条）。
5） 再審請求の登録前の実施による通常実施権（特許法第176条）。
です。」

**C君**「だんだん難しくなってきました。」

**先生**「それでは、上記のうち、耳にすることが多い1）と2）についてだけ説明します。
もう少し我慢してください。」

## 職務発明につき発生する通常実施権

**先生**「先ず、職務発明につき発生する通常実施権について説明します。
会社の従業員が、会社の職務上完成した発明について特許を受けたとき、会社はその特許権について、無償で法定の通常実施権を有することになって

います。つまり、会社はタダでその発明を実施することができるのです。

　従業員も発明を完成するために頑張ったのですが、会社も、この従業員に給料を払い、研究設備などを提供しているので、このような実施権を取得することになっているのです。」

**Bさん**　「最近、職務発明の関係で会社と従業員が裁判所で争っているということを、ときどき耳にしますが、会社が自動的に実施権を取得するのであれば、何故、争いが起きるのですか。」

**先生**　「それは会社が法定実施権だけで満足しないで、特許権そのものをよこせというからです。

　多くの会社では、従業員が職務のなかで発明を完成したときには、それを職務発明と言いますが、その職務発明につき特許を受ける権利を会社に譲渡するように職務規則を定めています。そして発明者は会社から何らかの対価を受けることになっています。

　しかし、発明者が貰った対価が安すぎるといって争いになるのです。この問題については、後ほど、もっと詳しくお話しましょう。」

## 先使用による通常実施権

**先生**　「次に、先使用による通常実施権について説明します。

　他人の特許権が存在するのだが、その他人の特許が出願されたとき、その他人の発明を知らないで、その特許された発明を実施する事業をしていた者およびその事業の準備をしていた者は、その問題となる特許権について通常実施権を有することになっています（特許法第79条）。この通常実施権を先使用による通常実施権とか、単に、先使用権といいます。」

**A君**　「特許出願した発明者とは独立に、同じ発明を獲得し、先に、その発明を事業に使っていた者に対する実施権と考えてよろしいでしょうか。」

先生 「法律の細かいところをとばすと、おおよそは、そんなところです。」

C君 「この権利は、どのような場面で使われるのですか。」

先生 「ある特許発明を実施している事業者が、特許権者から特許権侵害で訴えられた場合に、自分は先使用権があるから特許権侵害ではないと主張するときに活用される権利です。」

A君 「具体例で説明していただけませんでしょうか。」

先生 「すこし長くなりますが、これから具体例で説明しましょう。
　A社は、金属製造会社ですが、金属の製造工程を改良するため社内技術者が普段から色々工夫をこらしていたのですが、あるときに改良型機械を発明しました。A社では、これを早速、実際の製造工程で使用しはじめました。ところが、A社では、この新しい機械については、社外秘密とするために特許出願をしませんでした。」

Bさん 「それは何故ですか。」

先生 「特許出願するためには、新しい機械の仕組みを明細書に記載して特許庁に提出しなければなりません。そして、この明細書はいずれ特許庁から公開されるからです。」

Bさん 「そうでした。さらにA社としては、特許出願しても特許されないときのリスクも考えるのでしょうね。」

先生 「まさにその通りです。それでは話の続きをしましょう。
　その後、競合するB社が、同じ機械を発明し、特許出願し、特許権を取得してしまいました。さらにその後、特許権を取得したB社は、A社を特許権侵害で訴えました。

この段階で、A社は、B社が特許出願する前から、A社の工場でその新型機械を使用していたことを証明することができると、先使用権を主張することができることになります。そこで、A社では、先使用権の根拠となる事実を立証するための証拠を集めることとなりました。しかし、A社では、この新型機械を秘密に使っていましたので、B社が納得するような証拠を収集することに大変苦労しました。

　結論から言いますと、B社はA社の説明に納得して、A社の先使用権を認め、特許権侵害訴訟を取り下げました。」

**C君**　「A社は、先使用権を証明するために何か特別のことをしていたのですか。」

**先生**　「A社の知的財産権部では、社内で新しい技術が生まれると、その技術について報告書を作成し、この報告書に公証人の確定日付を貰っておくことを社内制度としてやっていたのです。」

**C君**　「確定日付とは何ですか。」

**先生**　「作成した書面を公証役場に持参して、確定日付を下さいというと、持参した日に、その書面が存在したことを公的に証明してくれるのです。その結果、その書面に記載された技術もその日に存在したことが証明されるのです。」

**C君**　「A社がその技術を持っていたというだけでは先使用権の主張は無理と思いますが。」

**先生**　「なかなか鋭いですね。実は、そうなのです。A社では、その技術を先に使っているということを証明する必要があり、そのために苦労したと聞いています。」

**C君**　「先使用権の主張は、難しいところがあるということかと思います。上記のA社の場合には、やはり先に特許出願しておいたほうがよかったということですか。」

**先生**　「私は、このケースでは特許出願しておいた方がよかったと考えています。最近は、技術者の転職や移動が多くなり、会社のなかで秘密をまもるのが大変難しくなっているようです。秘密の技術が他社に流出しやすくなっています。また、他社の特許技術をこっそりと使っていることもすぐにバレテしまいます。」

# 第12章　職務発明

**先生**　「会社に勤務する者が会社の職務の中で発明した発明を職務発明といいます。特許庁に特許出願される発明の大部分は職務発明です。」

**Bさん**　「職務発明が多いことはわかりますが、家庭の主婦が発明することもありますね。」

**先生**　「その通りです。ときどきテレビで話題になっています。しかし、出願数でみると職務発明が圧倒的に多いのです。2013年の統計によりますと、およそ97％の出願が法人出願とのことであります。（法人出願の大部分が職務発明によるものと考えます。）」
　やはり、発明をするためには、それなりの研究設備や資金が必要ですから、このようになるのでしょう。」

**C君**　「最近、発明者が会社を訴えたという話を新聞で読んだことがあります。」

**先生**　「最近は、発明者である会社員が会社を退職してから、勤務中にした発明に対するご褒美が少なかったといって、長年勤めた会社を訴えるケースがみられます。これらのケースは、単に発明に対する対価が少なかったということではなく、そもそも社内での昇進や処遇に不満がある場合が多いと聞いています。
　会社で勤務中に価値のある発明をした者には、在職中から、それなりの配慮をすることが望ましいと考えます。しかし、この問題を具体的に考えると、技術者として優れており、会社にとって重要な発明をしたからといって専務や常務にしろといわれても、経営者としては適性のない方もいます。
　発明者と経営者とが両立する人は、むしろまれです。会社としては、優れた発明者を何か別の方法で報いることを考えるのですが、これとて容易では

ありません。金と名誉の両方を欲しがるケースが多いからです。どのような役職につければよいのか難しいところです。発明者のほうでは、同期入社の出世競争をにらみながら、世間的にも認められる役職を欲しがるようです。同期が役員になったのだから、自分も役員にして欲しいと思うのでしょうが、役員になるためには、単によい発明を完成するというだけでは駄目なのです。さらに口をすべらすなら、すぐれた技術者がすぐれた経営者になるかというと、これもうまくいかないケースを沢山みています。すぐれた技術者を活かすためには、この技術者を上手に使うすぐれた経営者が必要のようです。

　すこし生臭い話になってしまいましたが、かた苦しい法律の話の間に、このような話を聞くと息抜きになるのではないでしょうか。」

**C君**　「職務発明に対する対価を規定する法律はないのですか。」

**先生**　「特許法は第35条で、職務発明に対する対価をどのように決めるべきか規定を設けています。

　まず、発明者が職務上完成した発明を、自分の特許にしてしまった場合にも、会社はその発明を実施するための通常実施権を有することとしています。つまり、会社は、その発明を実施する権利を法律によって与えられているのです。会社としては、その発明者に給料を支払い、研究設備を使わせたのであるから、当然です。」

**A君**　「職務発明に関する争いは、その部分ではないですね。」

**先生**　「法定の通常実施権の部分とは違います。A君は予習してきたようにみえますね。

　特許法は、会社の勤務規則などにより、研究者などが職務上完成した発明を会社に譲渡したときは、発明をした研究者等が相当の対価の支払を受ける権利があると規定しています。

　そして、この対価の額を会社が一方的に低く決めている場合には問題となります。対価を決定するときには、その発明により会社が受ける利益の額、

会社が提供した設備や経費、研究者の処遇、その他の事情を考慮して定めなければならないとされています。

　要するに会社は発明者に対し妥当な対価を支払うべきことが法律で規定されているのです。それでは、何が妥当かとういことになると、特許法には計算式のようなものはなく、実際の裁判例をみてゆくしかないと思います。」

**A君**　「会社は、黙っていても発明を実施する権利を与えられるのですから、発明の譲渡まで受ける必要は無いと思いますが。」

**先生**　「会社は、自らその発明を実施する権利だけではなく、その発明を独占支配する権利を欲しいのです。

　特許権を持っていれば、先ず、競合する会社にその発明を実施させないこととして、その発明を独占することができます。逆に、特定の会社に実施権を与え、その対価として実施料をとるなり、代わりに相手の特許の実施権をもらうことができます。特許権は企業の経営戦略上重要なツールです。」

**A君**　「なるほど。特許権は発明の実施を禁止する権利ですから、自社の実施も大事だけれど、他社の実施を禁止するほうにも重点があるのですね。

　ところで、職務発明の対価について紛争があるのは、どういうわけですか。繰り返しになりますが、伺います。」

**先生**　「昔は、会社が発明者に対し発明をするために給料をはらって雇っているのであるから、発明をしたからといって給与等とは別に対価を支払う必要はないという考え方が根強くありました。このため発明者に対する褒賞金が低額に抑えられていました。しかし、今日では、特許法の規定でも妥当な対価を支払いなさいと規定している。

　さらに発明は会社に大きな利益をもたらすものであるとの認識が定着してきています。よい発明をどんどんと生み出すような会社でないと発展はおろか、維持存続も難しくなってきています。発明者を優遇してよい発明を生み出すことは会社にとって利益になることなのです。

営業担当の会社員なども特別の功績があったときには、ボーナスや処遇で報いられることは周知のことです。発明者だけを特別扱いしているわけではありません。

　私は、優れた発明者を会社内に確保することは、会社にとって非常に利益になることであると考えています。私は、プロ野球の優秀な投手のように、優れた発明者を特別扱いすることに抵抗はありません。」

**C君**　「先生のお考えはわかりました。

　それにしても、法律で定めた発明者に対する対価の決め方が、いま一つ具体的でないような気がします。」

**先生**　「同感です。今後、裁判例の積み重ねがこの問題を解決してくれることを期待しています。」

# 第13章　外国出願

**先生**　「次に外国出願の話をします。
　わが国で特許権を取得しても、外国でこの特許権の効力が認められるわけではありません。属地主義といって、わが国の法律によりわが国で取得した特許権は、わが国の領域内だけで有効なのです。外国で、同じような権利を欲しい場合には、その外国でも特許出願して、その国の法律に基づきその国の特許権を取得しなければなりません。」

**Bさん**　「属地主義というのは、何ですか。」

**先生**　「法の適用範囲をその法が制定された国の領域内に限定して認める主義のことで、特許法は属地主義をとっています。」

**A君**　「外国に対しても、国ごとに特許出願するのは大変な作業ですね。」

**先生**　「そうなのです。それぞれの国で特許出願するには大変な労力と費用を要することになります。そこで、外国出願の手続を少しでも楽にできるように、二つのルートが用意され、それぞれのルートのための国際条約が結ばれています。
　その一つは、パリ条約ルートであり、もう一つは、特許協力条約（Patent Cooperation Treaty, 略してPCTともいいます）ルートです。なお、パリ条約に加盟している国は170ヶ国以上あり、PCT加盟国は140ヶ国以上あります。」

**A君**　「二つのルートについて、説明をおねがいします。」

**先生**　「そうですね。皆さんがすぐに外国出願の手続を担当されるわけではないでしょうから、それぞれのルートについて以下に簡単に説明します。」

## パリ条約ルート

**先生**「パリ条約ルートによりますと、日本で特許出願した者は、日本出願日から12ヶ月の期間の優先権をあたえられます。そして、この優先権の期間中に他の同盟国（例えば、アメリカ、ドイツ、フランス、イギリスなど）に同一内容の特許出願を行った場合には、その同盟国においては新規性、進歩性などの判断は、日本に出願した時に出願したものとして取り扱われます。」

**A君**「優先権を使うと、例えば、2009年10月1日に日本である発明を特許出願し、その後、2010年10月1日に同じ発明をドイツで特許出願した場合には、新規性、進歩性等の判断する際、現実の出願日の2010年10月1日ではなくて、日本出願した日である2009年10月1日に出願したものとして取り扱われるということですか。」

**先生**「その通りです。したがって、仮に同じ発明が2010年8月1日に公表されても、それを理由として発明の新規性は否定されることはありません。」

**A君**「なかなか便利な制度ですね。」

**先生**「この制度のおかげで、日本出願をしてから外国出願をするまでに12ヶ月の余裕ができます。その結果、どの国に出願するか検討したり、外国語訳文を作成したりする時間ができるのです（特許法第43条）。
　このパリ条約ルートは、昔から利用されているルートですが、現在は後述するPCTルートもありますので、両者のメリットとデメリットを判断したうえで、どのルートにするか選択することが行われています。
最初から出願する国がきまっていて、早期に権利化したい場合には、パリ条約ルートを使うケースが多いようです。」

## PCTルート

**先生**「PCTルートをつかって日本特許庁にPCT出願をし国際出願日が与えられますと、その国際出願日が、PCT加盟国であるすべての国においての国内出願日となります。

しかし注意すべきは、PCT出願をしただけでは権利化はできないということです。PCT出願は、あくまでも出願日を確保するだけの手続きですから、特許権を付与されるためには、各国の特許庁に移行手続きを行う必要があります。つまり、PCTルートでも、希望する国ごとに、国内手数料の支払や翻訳文の提出等をおこなって、出願手続を各国へ移行する手続きをする必要があるのです。

特許権を付与するか否かの審査は、各国の特許庁がそれぞれ行うことはパリ条約ルートと同じです。」

**A君**「パリ条約ルートの後からできたPCTルートには、どのようなメリットがあるのですか。」

**先生**「先ず、日本語で日本国特許庁に出願すればよいので、手続が簡単であるといえます。

上でも述べたように、最終的には各国が審査を行うため、各国へ出願手続を移行するための手続が必要です。そして、この移行には、日本出願日から30ヶ月までの期間が認められています（特許法第184条の3以降）。

また、この30ヶ月の期間内に、国際調査見解書といって、出願した発明に関する新規性や進歩性についての判断が日本国特許庁からもらえます。

そのため、それ以後の審査に不安がある場合には、外国での出願国の数を減らすなどして費用節約することもできます。

外国出願の方針をゆっくり考えたい場合にはよい制度です。どの国に出願するか、すぐには決めかねる場合や出願国数が多いときにはPCTルートで出願するケースが多いようです。」

**Bさん**　「チョットややこしくなってきました。われわれとしては、外国出願する場合、パリ条約ルートとPCTルートの二つのルートがあると覚えておけばよいでしょうか。」

**先生**　「皆さんはまだ入門段階ですから、その程度でよいでしょう。
　実際に外国出願手続きをするときには、たいていの会社は、特許事務所に依頼します。外国出願の手続きは時々変更されますので、特許事務所の担当者から説明を受けることになると思いますが、その際、受ける説明が理解できる程度の知識を持っていればよいでしょう。」

# 第14章　特許権侵害に対する救済

## 侵害か否か

**先生**　「特許権者は、特許発明を独占的に実施する権利を与えられるということですが、それは具体的にはどういうことなのでしょうか。

特許法は、特許権を侵害する者が現れた場合、特許権者を救済するための、いくつかの救済方法を用意しています。補償金請求権（特許法第65条）、差止請求権（特許法第100条）、損害賠償請求権（民法第709条、特許法第102条ほか）、および信用回復請求権（特許法第106条）です。なかでも重要なものは差止請求権と損賠償請求権の二つです。」

**A君**　「差止請求権と損害賠償請求権以外のものはそれほど大事ではないということですか。」

**先生**　「大事かどうかは当事者の考えによるのですが、実際に裁判所で争われるのは、この二つが圧倒的に多いのです。

これについて順をおって説明していきますが、そこに入る前に、特許権侵害があるのか無いのかの判断の仕方について基本的なことを説明しておきましょう。」

**A君**　「お願いいたします。」

**先生**　「特許法によると、他人の行為が特許権を侵害しているか否かを判断するには、特許請求の範囲の記載に基づいて定めることになっています（特許法第70条）。

ですから、特許権侵害の判断をするときには、特許請求の範囲の記載と侵害の疑いのある物品とを対比します。侵害の疑いのある物品（専門家はこれを『イ号物件』とか、単に、『イ号』と呼びます。）が、このイ号を特許請求

の範囲と対比するのです。」

Bさん 「すこし具体的に説明してください。」

先生 「それでは、少し長くなりますが、実例で説明しましょう。
　侵害事件で問題としている特許権（これを本件特許とか本件特許権といいます。）の特許請求の範囲が、下記のとおりであるとします。
　『クローム12から17％、コバルト5から8％、マグネシウム3から5％、サマリウム0.5から2％で残部が鉄である磁性合金』
　そして、イ号の磁性合金が、『クローム15％、コバルト7％、マグネシウム4％、サマリウム1％で残部が鉄である磁性合金』であるとします。
　両者を対比しますと、イ号は、本件特許の特許請求の範囲にピッタリ入っています。こうなると、イ号は本件特許を侵害することになります。」

C君 「仮に、イ号のクローム含有量が、20％であると、特許権侵害にならないと考えられますか。」

先生 「特許請求の範囲に含まれませんので、侵害ではないと考えられます。」

C君 「もう一つうかがいます。イ号がサマリウムをまったく含有していないときも侵害ではないと考えてよろしいでしょうか。」

先生 「これも特許請求の範囲にふくまれませんので、侵害ではないと考えます。
　実際の侵害裁判ではこのように簡単に判断できるものはまれでしょうが、考え方の基本を説明しました。」

A君 「特許権侵害の有無を判断する基準となるものは、特許請求の範囲ということですね。」

**先生**　「その通りです。特許出願するときには、特許請求の範囲を考えて、考え抜いて決めなければならないということです。特許請求の範囲は企業の特許戦略と密接に関係してきます。」

## 間接侵害

**先生**　「次に、間接侵害について説明します。
　間接侵害というのは直接侵害に対するものです。これまでの講義で説明しましたように、特許権者でない者や実施権をもたない者が、特許請求範囲に記載された構成要件を全て含む条件で発明を実施すると特許権侵害となります。
　ここでは、このような侵害を、これから説明する間接侵害との対比の都合上、直接侵害とよびます。
　間接侵害は、構成要件を全部ふくむかたちでの実施には当たらず、したがって直接侵害とはいえないものですが、これを放置すると、直接侵害をひきおこす確率の高い行為をいいます。
　特許法第101条は、このような行為を間接侵害として規制することにより、特許権の効力の実効性を高めようとしています。」

**A君**　「特許請求の範囲から外れていても侵害となる場合があるのですか。」

**先生**　「そうなのです。特許請求の範囲の外での実施であっても特許権侵害として取り締まったほうがよい場合があるのです。そのなかでよくでてくる行為が、特許権が物の発明についての権利である場合に、その物の生産にのみ用いる物の生産や販売する行為です。」

**A君**　「具体例をあげて説明してください。」

**先生**　「例えば、『紅茶のティー・バッグ』の特許権がある場合、この紅茶のティー・バッグを生産するための専用の包装機の生産や販売は間接侵害とな

ります。」

**Bさん**　「そのような包装機を購入した人は、結果的に『紅茶のティー・バッグ』の特許発明を実施することになるからです。」

**先生**　「そのとおりです。方法の発明でも似たような規定があります。
　特許が方法の発明についてされている場合に、その方法の実施にのみ用いる物の生産や販売も間接侵害となります。
　例えば、『山形パンをつくる製パン方法』の特許権がある場合、この山形パンを製造するための専用の製パン器の生産や販売は間接侵害となります。
　この製パン器を購入して使用する人は、結果的に『山形パンをつくる方法』を実施することになるからです。」

**A君**　「いまの製パン器のことですが、その製パン器が山形パンだけではなく色々のパンが焼ける器械であれば間接侵害にならないのですか。」

**先生**　「そのように考えています。山形パンの製造に使かわれる蓋然性が高くないものは間接侵害になりません。ポイントはそのパン焼器が専用機であるかどうかが分かれ道であると考えています。」

**先生**　「特許法第101条の規定によりますと、ほかにも間接侵害とされる場合がいくつかありますが、ここでは省略します。」

## 差止請求権

**先生**　「それでは本論にはいります。まず、差止請求権について説明します。ここは大切なところですから、しっかりと聞いてください。
　特許法によりますと、特許権者は、その権利を侵害する者に対して、侵害行為の停止又は侵害行為の予防を請求することができます(特許法第100条)。
　この権利を差止請求権といいますが、具体的にいうと、侵害者の侵害品の

製造や販売を停止させることができる権利です。
　私は、いろいろ用意されている権利の中で、この差止請求権が一番効果的なものであると考えています。権利侵害者は、侵害品を製造している工場設備を除却することや、侵害品を廃棄することを要求されることになります。侵害者が受ける経済的打撃はとても大きなものとなります。」

**C君**「先生、なにか分かったような、分からないような感じです。もう少し平易に説明してください。」

**先生**「わかりました。以下に、具体例で説明することにします。
　Yさんがマッサージ・チェアを製造販売していたところ、そのマッサージ・チェアがXさんの持っている特許権を侵害していることがわかったとします。
　この場合、Xさんは、どんなことができるのでしょう。まず、Yさんに対し、そのマッサージ・チェアの製造販売を停止することを請求することができます。これを差止請求といいます。
　このような請求を受けたYさんは、マッサージ・チェア製造設備を使えないようにし、さらに製造済みのマッサージ・チェアの廃棄をしなければなりません。市場に出したものも回収しなければなりません。」

**C君**「XさんがYさんに対し、直接そのようなことを要求することができるのですか。」

**先生**「Xさんが直接要求することができるのです。YさんがXさんの言い分を検討し、なるほどと考えれば、要求に従うことになるでしょう。」

**C君**「Yさんが要求に従わない場合には、Xさんは、裁判所に訴えることができます。」

**A君**「特許権者というのは、すごい力をもっているのですね。」

**先生**「そうなのです。このような差止めを受けると、侵害者は大きな経済的損失を受けるほか、業界での信用を失うことになり、以後の営業活動にも支障がでることになります。

特許権侵害事件をおこした場合、損害賠償よりも差止請求の方が怖いという経営者がたくさんいます。」

## 損害賠償請求権

**先生**「特許権者には、差止めのほかに、損害賠償請求権があります。特許権者は、特許権を侵害した者に対し損害賠償を請求することができます。

これは、故意または過失により、他人の権利を侵害した者は、侵害によって生じた損害を賠償する責任があるとする民法上の規定からでたものです（民法709条）。」

**C君**「先生、特許法の勉強にも、民法がでてくるのですね。」

**先生**「この点については、前にも説明しましたが、念のため、もう一度説明します。

そもそもですね、民法は、私人の財産、親族などの法律関係を規定する一般法です。これに対し、特許法は、特許権という財産に関する分野を規定す

る民法の特別法という関係あります。特許法は、民法では規定されていない特許権などの特殊な分野を扱う特別法なのです。そのため、特許法で規定されていない事項に関しては、民法の規定にもどり、これに従うということなのです。」

**C君**　「分かりました。」

**先生**　「さて、特許権者は、特許権を侵害した者に対し、侵害により発生した損害を賠償することを請求することができます。侵害者は、仮に現在は侵害行為を停止していたとしても、過去の侵害に関する損害賠償をしなければなりません。」

**C君**　「損害賠償を請求された者はどうすればよいのですか。何十億円もの損害賠償の請求があると大変ですね。」

**先生**　「そのような場合は、大抵は裁判になりますね。
　特許権侵害の裁判で負け、その支払のために会社が傾いた例があります。アメリカの特許権侵害事件では、損害賠償金の支払のために著名な大会社が経営不振に陥った例があります。」

**C君**　「損害賠償が問題になる場合、過失があったとか、なかったとかが問題になることがあるように思いますが。」

**先生**　「これから説明しようと思っていたことです。先を越されました。
ここで少し専門的になりますが、民法がでてきたので、ついでにお話しておきましょう。
　民法上は損害賠償請求するにあたり権利者が侵害者の故意又は過失を立証しなければならないという原則があります。つまり、民法上は、故意又は過失がない場合には、損害賠償を逃れることができることになっているのです。例えば、自動車事故の場合にも、どちらに過失があったのか、どの程度の過

失があったのかが問題となり、過失割合という言葉がでてきたりします。

　このように民法上は、故意又は過失の有無が重要となるのです。このあたりの話は聞いた人もいるでしょう。」

**C君**　「僕は、バイクに乗っていて事故をおこしたことがあります。そのとき、過失割合という話がでました。」

**先生**　「そうですか。民法は、われわれの日常生活の法律関係を規律しているわけですね。

　さて、特許法の話にもどりましょう。特許法には、他人の特許権を侵害した者は過失があったものと推定する規定があります（特許法第103条）。そのため、特許権者が特許権侵害による損害賠償を請求する場合、侵害者の過失を立証しなくてもよいのです。

　なぜ特許権者を、このように優遇するかというと、特許権の存在は特許公報などによって公開されているので、その辺の調査を十分に行わず特許権侵害した者は、その者に過失があったとするのです。

　これによって、特許権者は侵害者の過失を証明する手間をはぶけるのです。」

## 損害額の推定

**先生**　「さて、損害賠償請求に関連して、触れておくことがあります。特許法には、損害額を推定するため規定がいくつか設けられています。その一つによると、特許権者は、少なくとも実施料相当額を侵害者に請求することができます（特許法第102条）。」

**A君**　「そのような規定があるとすると、特許権侵害するほうの立場で考えると、かりに、特許権侵害の裁判に敗れても、実施料相当額を支払えば済むということであれば、事前に特許権者に対し申し込み、実施権契約を締結してから実施しなくてもよいと考えられませんか。」

**先生**　「つまり、特許権侵害はヤリドクと考えるのですね。侵害が見つからなければありがたいが、かりに見つかっても実施料相当額を支払えばすむという考え方です。

　この考え方は間違っています。これは、あくまでも最低限度の額であり、しかも前記した差止請求権という恐ろしい権利があることに注意すべきです。さらに、信用失墜という社会的なペナルティもあります。」

**A君**　「特許権を侵害した者は、その事業を中止し、さらに損害賠償金を支払うという両方の罰を受けるケースがあるのですか。」

**先生**　「その通りです。むしろ両方というケースが多いです。」

**C君**　「特許権者には強い権利が与えられていることがわかりました。もう一つ質問があります。

　特許権者自身Xか、特許権者からライセンスを受けている者Yが製造販売した特許品を購入した者Zがその特許品を使用したり転売した場合、Zは特許権侵害になるのですか。」

**先生**　「Zの行為は特許権の侵害にはなりません。販売が一度正当に行われた後は、同一物に対して再び特許権を主張することはできません。そのようなことができるのなら、誰も特許品を買えなくなってしまいます。」

## 侵害罪

**先生**　「これまで差止請求権と損害賠償請求権についてお話しましたが、これらは特許権者に与えられた民法上の救済です。刑法上はどうなっているのでしょうか。

　特許権を侵害した者に対しては、10年以下の懲役若しくは1,000万円以下の罰金に処すとする罰則規定があることにも留意しなければなりません（特

許法第196条）。」

**C君**　「特許権侵害は罪になるということですか。」

**先生**　「そうなのです。他人の特許権を侵害すると民事裁判では、差止めを受けたり、損害賠償金を支払わされたりします。さらに刑事裁判では罰金を取られたり、刑務所にほうり込まれたりもするのです。」

## 時効

**先生**　「もう一言付け加えることがあります。
　この損害賠償請求権は、被害者が損害および加害者を知ったときから３年間行使しないと時効により消滅するので、注意しなければなりません。
　時効によりこの権利を行使できない場合、時効が20年である不当利得返還請求権という権利を行使する余地もありますが、この権利行使のためには相手方が利益を得ていることが前提となります（民法第703条）。」

**Bさん**　「損害賠償の関係では、民法をよく読まないといけないと思いました。」

# 第15章　実用新案法のあらまし

**A君**　「特許とはことなり小発明を保護するものとして実用新案法があるとききました。この制度の特徴を教えてください。」

**先生**　「実用新案法は、特許法とくらべて発明を保護するという点では同じですが、特許法では大発明を保護し、実用新案法は小発明（これを考案といいます）保護するという点で違いが出てきます。
　しかも、実用新案法では、物品の形状、構造および組合せに係る考案を保護の対象としています。」

**A君**　「化学や電気の範囲は含まれないということですか。さらに、機械分野でも物品の形状等に限るということですか。」

**先生**　「そのとおりです。したがって、出願書類には、必ず、図面がついています。
　考案は発明としてはレベルの低いものであり、その考案が実施された製品のライフも短いと考えられます。そのため、特許庁では出願された考案の内容の実体審査を行わずに実用新案権の設定登録をします。
　また、存続期間も出願の時から10年となっています。」

**C君**　「そうすると無審査で権利が与えられるのですか。無審査であっても、特許と同じように登録を受けた実用新案の実施を専有する権利が与えられるということですか。」

**先生**　「そうなのです。特許権の場合と同様に、権利者は、考案の実施をする権利を専有することになっています。」

**C君**　「そんなことをしたら、権利行使の際に混乱が生じないのですか。」

先生 「そのため権利侵害として他人を訴える以前に、権利者は特許庁から実用新案技術評価書というものを得て、その他人に警告することになっています。」

C君 「その技術評価書というものはどのようなものですか。」

先生 「はい、順を追って説明します。実用新案技術評価書とは、特許庁の審査官が、出願された考案について新規性、進歩性などについて評価したものです。
　この評価は、特許出願の場合の審査とよく似ています。」

A君 「特許の実体審査のようなものですね。
無審査で登録するため、審査をきちんとすればボツになるような考案も登録されている。これを権利行使の前にふるい分けするといことですか。」

先生 「そういうことです。それから、この技術評価書は権利者でなくても特許庁に請求することができます。」

Bさん 「新製品を売り出そうとしている人が、他人の気になる実用新案登録を発見したときに、自分の新製品が他人の実用新案権に触れないか事前にチェックできるということですか。」

先生 「そのような評価書の使われ方が期待されます。」

A君 「特許出願にしようか、実用新案登録出願にしようか迷ったときには、どちらを選ぶべきですか。」

先生 「ものにもよりますが、私なら特許出願します。特許ですと、すべて実体審査が受けられますし、存続期間が長いのも魅力です。」

# 第15章　実用新案法のあらまし

**A君**　「実用新案登録出願と比較した場合、特許出願の審査の要件が厳しいので、特許出願では拒絶されるものでも実用新案登録出願ではＯＫになることがあると思います。とすると、特許で出願するか、実用新案登録で出願するか迷う場合もあるでしょうね。」

**先生**　「そのような場合の救済策があります。
　最初に特許で出願し、審査結果がかんばしくないときに、実用新案登録に変更する道が準備されています。」

**A君**　「変更すると、出願日が繰り下がることはないのですか。」

**先生**　「特許出願の出願日がいかされます。」

**A君**　「なるほど、よく考えられています。」

# 第16章　意匠法のあらまし

Bさん　「商品のデザインを保護する法律について教えてください。」

先生　「デザインを保護する法律はいくつかありますが、一番使われるものは意匠法でしょう。
　意匠法について簡単に説明しましょう。
　意匠法では、「意匠」が保護の対象とされるのですが、「意匠」とは、物品の形状、模様若しくは色彩又はこれらの結合であって、視覚を通じて美感を起こさせるものと定義されています。
　何だか、分かりづらいかと思います。弁理士試験でも受けるのでしたら、この定義を詳しく勉強する必要がありますが、ここではそのようなことはやめておきます。ここでは、はじめにBさんが言ったように、物品のデザインと言っておきます。　意匠法では、優れたデザインを保護する法律と考えてよいでしょう。」

C君　「先生の講義は、『モノづくりのための————』というタイトルですが、デザインは物づくりに関係があるのですか。」

先生　「デザインは、モノづくりに大いに関係があります。
　みなさんが、テレビを買う場合を想像してください。若い方々ですと、まずインターネットで情報をあつめて性能や価格を比較し、購入する機種を選ぶでしょう。
　しかし、熟年世代がテレビを買う場合には、そんなことはしません。店員の説明を聞きながら、デザインで選ぶことが多いのです。お客は、テレビの内部の機械のことなど、いくら説明してもらってもよくわかりません。しかし、デザインの良し悪しは分かります。
　テレビのメーカーを比べてみると、機械の性能一本やりでテレビを作っているまじめな？メーカーもあれば、機械の性能や寿命は、ほどほどにして、

外観に力を入れている商売上手なメーカーもあります。

　これ以上しゃべると、だんだんと横道にそれてしまうので、やめておきますが、デザインもモノづくりに深く関係しているということです。」

**A君**　「意匠法も実用新案法と同様に、無審査主義なのでしょうか。」

**先生**　「いえ、違います。特許法と同じようなやり方で審査がおこなわれます。意匠では、やはり新規性の有無、創作が容易か否かなどが審査されます。」

**Bさん**　「新規性などの判断は、公知の意匠との比較でやるのでしょうが、視覚を通じて美感を起こさせるかどうか、誰が審査するのですか。」

**先生**　「特許庁には、意匠担当の審査官が大勢います。意匠の審査官の部屋に入っていくと、女性が多く、何か華やいだ雰囲気があったのを覚えています。美的感覚ということになると、男性よりも女性のほうが優れているように思います。」

**A君**　「実用新案とちがって、意匠の場合は、審査がおこなわれて、登録されたものは、一応、安心ということですね。」

**先生**　「登録された意匠権を持っている者、つまり、意匠権者には、特許のときと同様に、その意匠の実施を専有する権利が与えられます。」

**Bさん**　「意匠の保護される期間はどのくらいですか。」

**先生**　「設定登録の日から20年です。出願日からは20年以上になるでしょう。」

**C君**　「意匠がモノづくりに関係が深いということですが、工業製品に関する意匠権の訴訟の例はありますか。」

**先生**　「いろいろあります。例えば、ホンダのカブというバイクの意匠で侵害訴訟（東京地裁判決昭和48年5月25日　昭43（ワ）11385号）がありました。
　相当古い事件ですが、私の印象に残った事件でした。そのほか、乗用自動車、携帯用魔法瓶、蒸気モップ、長柄鋏、模造まつげケース、使い捨てライターなど色々の物品の意匠が法廷で争われています。」

**C君**　「なるほどよく分かりました。」

# 第17章　商標法のあらまし

**先生**　「モノづくりのための勉強ということになると、商標制度についても述べなければなりません。物は作っただけで終わりではありません。作った物は販売しなのなければなりません。

　そして、商標は、商品を販売する者が、自分の商品と他人の商品とを区別するために、自分の商品に使用するマークのことですから、商標と物づくりとは深い関係があるのです。

　このマークとしては、従来は、文字、図形若しくは記号又は立体形状が主に使われていました。しかし、最近は、それ以外のものも使われはじめています。」

**C君**　「たしかに、作った物は販売しならないわけです。商標法は、商標を保護する法律であると思いますが、何を目的としているのですか。」

**先生**　「商標法第１条には、商標を保護することによって、商標を使用する者の業務上の信用の維持を図り、それによって産業の発達に寄与し、あわせて需要者の利益を保護することを目的とすると書いてあります。」

**C君**　「業者の信用維持と需要者の保護がポイントということかと考えますが。」

**先生**　「そうですね。立法者としては、産業の発達が大目的ですと言いたいでしょう。」

**A君**　「商標権も、やはり登録された商標の使用する専有する権利なのですか。」

**先生**　「そのとおりです。権利者だけが登録された商標を使用する権利があ

ります。」

**A君**　「権利の存続期間はどれくらいですか。」

**先生**　「設定登録の日から10年です。ただし10年ごとに更新できますので、永久に使うこともできます。」

**Bさん**　「商標の審査では、やはり新規性とか進歩性が問題になるのですか。」

**先生**　「これまでに述べた特許、実用新案及び意匠とは違い、商標の新規性とか創作性といった観点からの審査はありません。商標の場合には、まったく異なった観点から審査されます。
　商標法の第3条および第4条には、商標として登録できないものが規定されています。つまり、ネガティブ・リストがあります。これを一括りに述べるのは難しいですが、おおまかに分けると、第3条に規定されているのは、自他商品識別力のないものであり、第4条に規定されているのは、公益上の理由から登録できないもと言えます。
　『自他商品識別力がない』というのは、自分の商品と他人の商品との区別がつかないもののことです。そんな商標を登録すると、需要者が間違って商品を買ってしまうのです。例えば、リプトン紅茶の包装に類似した包装のものが別にあると間違って買ってしまいます。
　公益上の理由というのは、例えば、赤十字のマーク、国連のマークなどは、許可しないのです。このような権威に便乗した商標による混乱を避けるためです。」

**C君**　「ところで、一番拒絶される確率の高いのはどういうものですか。」

**先生**　「そうですね。他人の商標に類似した商標でしょうね。」

**C君**　「類似しているか否かが問題となるということですか。」

## 第17章　商標法のあらまし

**先生**　「そのとおりです。商標の審査では、商標の類否判断が争いとなります。そして、類否判断は、外観からみて似ていないか、称呼からみて似ていないか、観念からみて似ていないかなどが審査されます。
商標の侵害訴訟でも類否が争いとなるケースが多いです。」

**C君**　「類否判断について、具体例で説明をお願いします。」

**先生**　「わかりました。まず、外観類似ですが、これは見た目が類似していて紛らわしいものです。例えば、「ライオン」と「テイオン」、「HONDA」と「HOMDA」、「LION」と「NO17」などあります。

**C君**　「どうして「LION」と「NO17」が類似なのですか。」

**先生**　「「NO17」をひっくり返すと、「LION」に見えるのです。」

**C君**　「言われてみると、そうです。商標を上下逆から見ることもありますから。」

**先生**　「次は、称呼類似ですが、これは耳で聞いたときに紛らわしものです。例えば、「富士美人」と「藤美人」、「日航」と「日光」などあります。」

**先生**　「次に、観念類似ですが、これは言葉の意味が同一か類似して紛らわしいものです。例えば、「王様」と「キング」、「ツバメ」と「スワロー」などあります。」

**A君**　「商標出願するときには、事前に、登録されている商標を調査することが大事だとききました。」

**先生**　「そのとおりです。

109

商標出願を弁理士に依頼するときに、同時に事前調査を依頼することが多いようです。
　会社内の検討会で選ばれたマークでも、調べてみると似たようなマークが既にあり、出願しても無駄になることがあるからです。通常、会社は、選択された商標候補を一つだけ依頼するのではなくて、いくつもの候補を選んでパラレルに調査してもらっているようです。」

**C君**　「著名な商標は、財産的にも非常に高く評価されると聞きました。」

**先生**　「そうですね。CANONの商標は、8,000億円以上と聞いたことがあります。
　信用のついたマークは、物づくりにとっても、非常に大事な財産です。われわれは、機械のなかみなど分からず、商標（ブランド）で判断して物をかうことも多いですから。」

**Bさん**　「質問を一つお願いします。最近、ホンダの『スーパーカブ』の形状が立体商標として登録されたとの新聞記事をみましたが、このようなものも登録されるのですか。」

**先生**　「私も、その記事をみました。あの形状のバイクはホンダの製品であると広く認識されるようになったから登録されたのでしょう。」

**C君**　「ほかにも立体商標の例がありますか。」

**先生**　「洋菓子の不二家の店頭に置かれている『ぺこちゃん』人形、乳酸飲料のヤクルトの容器、コカ・コーラの瓶などあります。立体商標のほかにも、平成26年商標法改正では、色彩のみや音からなる商標を保護の対象とする制度が新設されました。今後、どのようなものが出てくるのでしょうか。」

# 第18章　不正競争防止法のあらまし

**先生**「不正競争防止法は知的財産法の一翼をになう法律であり、モノづくりの立場からは、ノウハウを保護する大切な法律であります。この辺で、その概要を説明しておきます。
　この法律は、不正な手段をもちいて営業上の競争を行い、同業者の利益を害することを規制するための法律であり、被害を受けた同業者に対しては、差止請求権や損害賠償請求権等を認めています。
　この法律は、どのような行為が不正競争であるのか列挙し、そのような行為を規制するというやり方で組み立てられています。」

**C君**「特許法では特許権という権利を与えてこの権利を保護するかたちをとっていますが、不正競争防止法では一定の行為そのものを規制するかたちをとっているのですか。」

**先生**「その通りです。どのような行為が規制の対象になるのか、以下に例示しておきましょう。
1）自分の商品に他人の周知の表示と同一若しくは類似の表示を用いて、他人の商品又は営業と混同を生じさせる行為　事例としては、ハンバーガーチェーンとして有名なマクドナルドのＭのロゴマークをパチンコ屋が店の正面に表示するケースがあります。
2）自分の商品に他人の著名な表示と同一若しくは類似の表示を用いる行為　事例としては、世界的に有名な香水ブランドの「シャネル」をスナックの店名とするケースがあります。
3）他人の商品形態を模倣した商品を取引する行為　事例としては、ヌープラというブラジャーとそっくりの物を販売するケースがあります。
4）不正な手段によ他人の営業秘密を取得する行為、又は不正な手段により取得した営業秘密を使用し、若しくは開示する行為　事例としては、通信教育会社の顧客名簿を不正な手段で手に入れ、これを名簿業者に売り

渡すケースがあります。
　5）商品の原産地、品質、内容、製造方法、用途若しくは数量等について誤認させるような表示を用いる行為　事例としては、米国産の牛肉に神戸ビーフと表示して販売するケースがあります。
　6）競争関係にある他人の営業上の信用を害するような虚偽の事実を告知し、流布する行為　事例としては、同業他社製の調味料について有害物質を原料にしている等と事実ではないことを流布するケースがあります。
　まだ他にもあるのですが、ここではこの辺りでやめておきましょう。」

**C君**　「ここで例示された行為は商品取引に関係した行為ばかりで、ノウハウの保護とは無関係のようにみえますが。」

**先生**　「そのように思う人が沢山います。しかし、実は、4）にあげた営業秘密にノウハウが含まれているのです。」

**C君**　「それはどういうことですか。」

**先生**　「不正競争防止法の第2条の定義のよりますと、『営業秘密』とは、①秘密として管理されている、②生産方法、販売方法その他の事業活動に有用な技術上又は営業上の情報であって、③公然と知られていないものをいうと規定されています。」

**C君**　「そうすると、ノウハウは①秘密として管理されている、②事業活動に有用な技術上の情報であって、③公然と知られていない『営業秘密』に当たるというわけですか。」

**先生**　「その通りです。ですから、ノウハウがこの法律で保護されるためには、C君が挙げた三つの条件を満足するものでなければなりません。
　このことは大切なことですからしっかりと覚えておいてください。」

**C君**　「営業秘密を最初に不正な手段で取得した者だけが不正競争防止法の違反になるのですか。」

**先生**　「いえ、不正な手段で取得した者から不正取得の介在を知りながら、その営業秘密を取得し、それを使用し又は開示することも不正競争防止法違反となります。
　また、不正な手段で取得した者から不正取得の介在を知らないで、その営業秘密を取得し、その後、不正取得が介在したことを知りそれを使用し又は開示することも不正競争防止法違反となります。
　そのほかにも色々のパターンがありますが、ここでは、この程度にしておいます。」

**C君**　「そうすると、大量の顧客名簿を不正な手段で持ちだした者からその顧客名簿を購入した者も、不正な手段が介在したことを知ってから以後にその顧客名簿を使用することは不正競争防止法違反になるということですか。」

**先生**　「顧客名簿はこの法律でいう営業秘密にあたりますので、私は、不正競争防止法違反になると考えています。C君は、最近、新聞で通信教育大手会社の顧客名簿が大量流出した事件が報じられていますので、顧客名簿を不正に取得した会社がどうなるのかが知りたかったのですね。」

**A君**　「ノウハウの不正手段による取得に関する事件はないのですか。」

**先生**　「ノウハウの不正手段による取得に関する事件としては、日本の大手電機会社の大容量メモリの設計データが、関係会社に以前勤めていた者によって隣国の大手企業に持出されたという事件が新聞で報じられています。」

**A君**　「ところで、不正競争防止法違反に対する救済といて用意されている差止請求や損害賠償請求については、特許権侵害に対する救済のところで学んだのと同様に考えてよろしいですか。」

**先生**　「はい、その通りです。それから、不正競争防止法でも刑事罰があることに留意してください。」

**A君**　「分かりました。」

**先生**　「なお、不正競争防止法の実務について、詳しく勉強したい人は、経済産業省が出している『営業秘密管理指針』を参考にされることをお勧めします。」

# 第19章　著作権法のあらまし

**A君**　「先生、著作権とはどんな権利ですか。」

**先生**　「これまで特許法をはじめ色々な知的財産権について勉強してきましたので、著作権についても少し勉強しておきましょう。
　著作権は、著作者が、その著作物を一定の期間、独占的に利用できる権利です。独占する権利ですから排他的権利であるともいえます。著作権については後ほど、順を追って説明します。
　先ず、著作物とはどんなものをいうのか、そこからはいる必要があります。」

**A君**　「それでは著作物とは、どんなものをいうのですか。お願いします。」

**先生**　「著作権法第2条1項1号に著作物の定義がありますが、それによりますと、『著作物とは、思想又は感情を創作的に表現したものであって、文芸、学術、美術又は音楽の範囲に属するもの』と規定されています。
　『文芸、学術、美術又は音楽』については、通常、われわれが使っている意味にとってよいですから、この段階では、特別に解説する必要はないかと思います。
　しかし、『創作的に表現した』というところは注意が必要です。創作的ということは、著作者が、初めて作ったものということであり、誰かの作品を模倣したものでは、著作権法の保護を受けることが出来ないということです。また、どこにでもある、ありふれた表現などもいけないのです。」

**A君**　「創作物であることが保護の条件ということですか。」

**先生**　「その通りです。それでは、著作物の具体例にはどんなものがあるのか説明しましょう。
　著作権法第10条によりますと、著作物には、

1）小説、脚本、論文、講演その他の言語の著作物
2）音楽の著作物
3）舞踏又は無言劇の著作物
4）絵画、版画、彫刻その他の美術の著作物
5）建築の著作物
6）地図又は学術的な性質を有する図面、図表、模型その他の図形の著作物、
7）映画の著作物
8）写真の著作物
9）プログラムの著作物

等があります。これらの範囲の著作物が著作権法によって一定の保護を受けるということです。」

**A君**「なるほど、内容は多岐にわたっていますが、われわれの日常生活に関係したものばかりです。」

**C君**「ところで著作権法の法令そのものにも著作権によって保護されるのですか。」

**先生**「憲法その他の法令、裁判所の判決などは著作権法の保護を受けないことになっています。公益的な観点から著作権の目的とはならないのです。」

**Bさん**「ところで、著作物を創作した著作者に対してどのような権利が与えられるのか、もう少し説明してください。」

**先生**「著作者に対しては、著作者人格権と著作権の二つの権利が与えられます。
　著作権については、後ほど説明しますが、ここでは先ず著作者人格権について説明しましょう。
　著作者人格権には、公表権、氏名表示権、同一性保持権があります。

公表権は、著作者が著作物を公衆に公表する権利です。著作者は著作物を公衆に公表しない選択をすることもできます。

　氏名表示権は、著作者が著作物を公衆に提供する際に、その実名若しくは変名を著作者名として表示し、又は著作者名を表示しないこととする権利です。

　同一性保持権は、著作権者は自分の著作物を他人によって変更されることを拒否することができる権利です。

　この同一性保持権に関する事件としては、著名な歌手が歌詞を変更して歌い、作詞者からクレームがついたケースがあります。もう歌わせないとか、歌手が謝りに行ったとか、まだ行かないとか週刊誌で騒ぎ立てられたことがあります。

　なお、著作者人格権は、その性質から他人に譲渡するものではありません。」

**Bさん**　「著作者に与えられる著作権とはどんな権利ですか。」

**先生**　「著作権は知的財産権であります。著作者の財産的利益を保護する権利です。もっと平たく言うと、経済的価値のある権利ということができます。順次、説明します。著作権は、それぞれの著作物の具体的な利用態様に対応して種々の権利が設けられています。

　複製権、上演権、演奏権、上映権、公衆送信権、口述権、展示権、頒布権、譲渡権、貸与権、翻訳権、翻案権等があります。

**Bさん**　「一口に著作権と言っても、著作物に応じていろいろの権利が設けられているのですね。」

**先生**　「その通りです。これらの個々の権利は著作権の支分権と呼ばれています。」

**C君**　「著作権の支分権が色々とある中で、もっとも重要な権利はどれですか。」

**先生**「支分権のどれが重要かといっても、立場によって、どれも重要です。しかし、著作権法の成り立ちを考えた場合、複製権が一番基本かと考えます。ここでは、複製権について説明しましょう。

複製権は著作物を複製する権利でありますが、著作権法第21条には、著作者は、その著作物を複製する権利を専有すると規定されています。

したがって著作者だけが、その著作物を複製する権利があり、他人は複製する権利がありません。他人がその著作物を複製したいときは、著作者の許諾を得なければなりません。

著作者の許諾なしに複製した場合には、著作権侵害となります。著作権侵害に対しては、特許権侵害の場合と同様に、差止請求、損害賠償請求、不当利得返還請求などが認められています。また、故意に著作権を侵害した者は、刑事上の制裁の対象ともなります。」

**C君**「著作者の許諾を得るためには何らかの対価を支払うことになるのですか。」

**先生**「その通りです。

著作者の許諾を得るためには、著作者と合意した対価を支払う必要があるのです。このようなわけで、著作権は財産権といわれるのです。

上演権以下のその他の支分権についても複製権に準じて考えることができます。」

**A君**「著作権をとるには、どうすればよいのですか。」

**先生**「著作権は、著作者が著作物を創作することにより発生し、権利を得るためには、いかなる方式の履行をも要しません。

つまり、著作権は特許権のように一定の審査の後に登録を受けるといった手続きは必要ありません。著作物を創作すれば、公表したり、役所に何らかの手続きをしたりすることなく権利が発生するのです。

したがって、著作権をとるという言い方は正しくありません。」

**C君**　「著作権の保護期間は、どのくらいありますか。」

**先生**　「保護期間は著作物の創作の時から始まります。保護期間の終期は、著作者が死亡した年の翌年の1月1日から50年です。したがって、著作権は、みな12月31日で終わります。」

**C君**　「映画の場合の終期は、監督の死亡日を基準に計算するのですか。」

**先生**　「いえ、違います。映画は著作者も一人ということではありませんので、そういう決め方はしません。映画の場合は、公表の翌年から70年となっています。」

**Bさん**　「著作権者の許諾なく著作物を利用できる場合があるとききましたが。」

**先生**　「著作物の公正かつ円滑な利用の観点から、著作権者の許諾がなくても著作物を利用できる場合があります。
　法律には、いろいろの場合があげられていますが、ここでは私的使用のための複製について説明しておきましょう。
　これは個人的に又は家庭内で使用することを目的にする場合は原則として著作権者の許諾がなくても複製することができるというものです。
　たとえ少人数であっても会社内で業務上の目的で行う場合は私的使用の範囲には含まれないとされています。」

## 質疑応答

### 質問1．発明を完成したのですが、特許をとるために、どのようなことをすればよいのか教えてください。

**先生**　「発明をした場合、いくつかやるべきことがありますが、先ず、してはならないことを説明しましょう。

　それは、発明内容をやたら他人にしゃべらないことです。何故かというと、発明者と特別の関係があるなどして、その発明に関して秘密保持の約束をする者以外のものに発明の内容を教えると、その相手は自由にその発明を第三者に教えることができます。その結果、その発明が公知となり、特許されるために必要な発明の新規性がなくなってしまうからです。」

**C君**　「秘密保持の約束をした者に、発明を教えても公知にはなりませんか。」

**先生**　「公知になりません。秘密保持の約束については後ほど述べる予定です。

　ところで、上に述べた新規性喪失の心配のほかに、現実の社会では、盗用の心配があります。最近は、こちらの心配の方が大きいかも知れません。

　発明の内容を知った者が、その発明を自分のものとして特許出願してしまうことや、こっそりとその発明を自ら実施することや、第三者に転売することがあります。」

**A君**　「発明が完成した場合、その発明の新規性を喪失しないよう、また他人に盗用されないよう、発明の秘密保持に留意しなければならないということですね。」

**先生**　「その通りです。」

**C君**「発明が盗用され出願された場合には、それを取り戻す方法はないのですか。」

**先生**「なくはありません。最近、そのような場合に対応するために法律が改正されました。しかし、裁判所で裁判しなければならず、大変に時間もお金もかかります。」

**C君**「それでは発明者は自分ひとりで手続きを全部やらねばならないのですか。」

**先生**「そんなことはありません。会社で働いている人が発明をした場合には、会社の知的財産部門の担当者に相談すればよいのです。」

**C君**「会社の担当者だけでは処理できない場合にはどうすればよいのですか。」

**先生**「弁理士に相談すればよいのです。特許事務所に所属する弁理士は、日夜特許事務に取り組んでいますから、速やかに処理してくれるはずです。しかも弁理士は法律で秘密保持義務が課せられています。」

**C君**「その他に注意する点はありませんか。」

**先生**「次に大切なことは、一日も早く特許出願をすることです。特許法では、先願主義といって、同じ内容の出願が複数あった場合、最先の出願が特許されるからです。このことは、すでに講義でお話しました。」

**C君**「そうすると、発明したときは、秘密保持ができる人に速やかに相談することが大切ということですか。」

先生　「その通りです。」

Ａ君　「ところで、弁理士に依頼するかどうかについて、先生はどう考えられますか。」

先生　「弁理士は、特許出願の仕事を毎日のようにしていますので、効率よく仕事をすることができます。出願するときめた以上、特許庁に、出願書類を１日でも早く提出することが大切ですから、弁理士に依頼するのが効率的です。多くの会社が弁理士事務所を使っています。」

Ｂさん　「しかし、弁理士に依頼すると、かなりのお金を支払わねばならないと聞いています。」

先生　「個人の発明者の場合は負担に感じることもあるかと思います。」

Ｂさん　「個人の発明者が自分で特許出願する方法はないのですか。」

先生　「そんなことはありません。ご自分で特許出願をしたいときには、各県にある発明推進協会に行き相談することができます。そこに行けば、相談の担当者がいて色々と教えてくれるはずです。」

Ａ君　「発明推進協会で相談する場合、どのような情報をもっていけばよいのですか。」

先生　「特許出願するためには、明細書を作成することが必要ですから、明細書に記載すべき内容となるような情報を持っていく必要があります。」

Ｂさん　「それは具体的にはどのようなものでしょうか。」

先生　「明細書を作成するためには、次のような情報が必要です。

1）どの分野の技術であるか、
　2）出願する発明が生まれる前にはどのような技術が使われていたのか、
　3）出願する発明がどのような課題を解決しようとしているのか、
　4）その課題を解決するためにどのような手段をもちいるのか、
　5）どのような効果が得られるのか、
等少し、話が細かくなりました。この話はここまでとします。」

**Bさん**　「なかなか大変な作業のようです。何かお手本のようなものはないのですか。」

**先生**　「お手本がないわけではありません。
　新しい発明が生まれ、特許出願をしようと考えるときには、自分より先に、自分の発明と同じものが存在しないか特許公報を調査するのが普通です。
　この調査の段階で、特許公報に掲載されている類似の発明の明細書をいくつか読んでいるはずです。これらのなかで、類似したものを参考にすればよいのです。書き方の参考になります。」

**A君**　「類似の明細書をそっくりまねて書くと、特許にはならないでしょうね。」

**先生**　「当然です。スタイルを真似るのはよいですが、中身までいっしょでは駄目です。新規性がありません。」

**Bさん**　「出願書類ができたらどうすればよいのですか。」

**先生**　「次は、出願書類をまとめて特許庁に提出する運びになります。」

**Bさん**　「特許庁に出願書類を提出した後は、どのように処理されるのですか。」

**先生**「かなり専門的になりますので、その後の手続きの流れについて、簡単に流れを説明しておきましょう。手続きは以下の順に進みます。

① 方式審査　書類に不備がないか審査されます。パソコンで電子出願する場合には、パソコン出願ソフトによって自動チェックされますので出願前に問題がないか確認できます。

② 出願公開　出願から1年6ヶ月たつと、出願書類が公開特許公報で公開されます。

③ 出願審査請求　出願から3年以内に出願審査請求をすると審査官による審査がおこなわれます。

④ 実体審査　審査官が発明そのものについて特許要件を満たしているか否かの審査を行います。これを実体審査といいます。

⑤ 拒絶理由通知　審査官が実体審査の結果、特許要件を満たしていないと判断した場合、出願人に対し拒絶する理由が通知されます。これに対し、出願人は審査官の考え方に反論する書面を提出することができます。これを意見書といいます。意見書と同時に、補正書を提出して最初に提出した明細書のなかみを修正することができます。ここで特許請求の範囲を縮小したりします。

⑥ 特許査定　審査官は補正書と意見書をみた上で、OKと判断すれば特許査定が行なわれます。

⑦ 特許料納付　特許査定を受けた出願人は特許料を納付します。

⑧ 登録　特許権の登録が行われ、願書、明細書などが特許公報に掲載されます。

⑨ 特許異議の申立て　平成26年特許法改正により、特許公報発行日から6ヶ月の間は、誰でも特許異議の申立てができることになりました。これに関しては、テキストの第8章に説明してありますのでそちらを参照して下さい。

特許出願人としては、特許異議の申立てがあったときには、それに対する反論を特許庁に提出しなければなりません。」

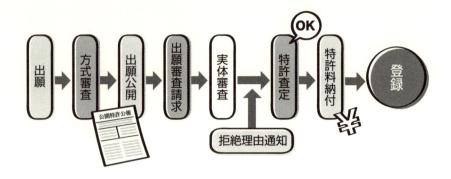

**Bさん**　「審査官が補正書と意見書を見た上で、やはり特許できないと判断した場合にはどうなるのですか。」

**先生**　「審査官がだした拒絶理由が解消しない場合のことですね。その場合、審査官は拒絶査定をだします。

出願人が、この拒絶査定をくつがえすことはできないと判断した場合には、これで終わりになります。

しかし、出願人が拒絶査定に納得できない場合には、拒絶査定不服審判を請求して、審判官の判断をあおぐことができます。」

**C君**　「その審判の結果に不服がある場合に打つ手はあるのですか。」

**先生**　「知的財産高等裁判所に訴えることができます。この裁判の結果に不服がある場合には、さらに最高裁判所に訴えることができます。ここから先はありません。

特許庁の審判と合わせて、三回まで不服申立の機会があるわけです。」

**A君**　「先生質問です。出願の前に特許調査する必要はないのですか。」

**先生**　「特許出願すると、特許庁の審査官が先行技術を調査して特許するか否か判断します。そのため特許調査は自分でやらなくても特許庁でやってく

れると考える人達もいます。」

**A君**　「なるほど。しかし特許庁の審査官が先行技術を調査した結果、出願した発明に新規性や進歩性がないことがわかると出願は拒絶されます。」

**先生**　「その通りです。そして出願費用が無駄になります。それを避けるためには出願前に先行技術の調査を行っていなければなりません。」

**A君**　「しかし、先願主義ですから一日も早く出願したく、特許調査に時間をとっておれないという事があるのではないですか。」

**先生**　「そのため、この段階の特許調査はどうしても簡単にすますことが多いようです。」

**A君**　「ざっと調査して出願ということですか。」

**先生**　「そうです。ただ皆様の注意を喚起しておきたいことがあります。
　私は研究を始める前に先行技術の調査を行うべきであると考えています。長々と研究し、出来たと思った発明が特許庁で拒絶されるようなものでは、特許出願費用どころか研究費そのものが無駄になってしまいます。研究費用は最近では研究員一人あたり2,000から3,000万円かかりますから、特許出願費用とは比べものになりません。」

**C君**　「研究を始める前に先行技術の調査をしておくことが大切ということがわかりました。」

**先生**　「会社では、研究予算を申請するための研究計画書のなかに先行技術の特許調査結果を添付させるのがよいでしょう。
特許調査については後ろの項でも説明していますので、そこも見てください。」

## 質問２．出願書類を特許庁に提出してからの手続きはどうなるのですか教えてください

**先生**「特許庁に提出してから先の話は、かなり専門的になりますので説明を簡単に済まそうと思っていましたが、ご希望があるようですから説明することにします。

出願書類を提出しますと、特許庁では①方式審査といって書類に不備がないか審査されます。

パソコンで電子出願する場合には、パソコン出願ソフトによって自動チェックされますので出願前に問題がないか確認できます。」

**Ｂさん**「ということは、電子出願すれば方式上はまず問題ないということですか。」

**先生**「そのとおりです。昔の話ですが、方式審査にパスして特許庁で受理されると、鬼の首でも取ったように『特許庁で受理されました』と大げさに依頼人に報告する弁理士さんもいたようです。」

**Ｃ君**「それは、東京大学に願書が受理されたというのと同じで、東京大学に合格したというのとまったく違います。」

**先生**「私が言おうとしたことを先にやられました。その弁理士さんにとっては、そこまでの書類づくりに、くたびれてしまったのかもしれません。出願書類が受理されてから１年６ヶ月経ちますと出願書類が公開特許公報で公開されます。これを②出願公開といいます。」

**Ａ君**「特許庁に提出した願書だけでなく、明細書も公開されるのですか。特許にもなっていないこの時点で公表されると出願人としては不安です。」

**先生**「私も、研究所で発明をしていましたから、お気持ちはわかります。

しかし、これは世界中の国で一律に行われています。発明の開示を、あまり遅らせてしまうと新しい技術情報を公開するという意味がなくなるからです。」

**C君**　「それにしても、出願人や発明者には不利なようにおもいます。」

**先生**　「そのため、出願人に対しては、一定の条件のもとで、その発明を実施したものに対し補償金を請求する権利をあたえています。話が込み入ってきましたので、この話はここで止めますが、皆様には、補償金の制度があるということだけ覚えていただければよいと思います。」

**A君**　「わかりました。その後、特許出願の中味、つまり発明の審査が始まるのですね。」

**先生**　「そうではありません。次に、③出願審査請求という手続きがあります。出願から3年以内に、出願審査請求書というものを提出するのです。そこで始めて審査官による発明の審査が行われるのです。」

**Bさん**　「3年以内ということは、出願公開の前に出願審査請求書を出してもよいのですか。」

**先生**　「よいところに気がつきました。そのとおりです。早期に特許審査を始めてほしいときに出します。」

**A君**　「ここでやっと審査ですか。」

**先生**　「そうなのです。これを実体審査といいます。技術分野によってちがいがありますが、出願審査請求書の提出後、1から2年程度経ちますと審査官から何か言ってきます。」

A君 「何を言ってくるのですか。」

先生 「一番ラッキーな場合には、あなたの発明の新規性、進歩性その他の特許要件について審査したが、出願を拒絶する理由がみつからなかった。したがって、特許査定するというものです。」

Bさん 「そのようなこともあるのですね。」

先生 「いえ、滅多にありません。大抵は、拒絶理由通知というものがきます。」

Bさん 「それはどういうものですか。」

先生 「特許法第49条には、審査官が特許出願を拒絶しなければならない場合が限定列挙されています。限定列挙というのは、ここに記載された理由以外では拒絶できないということです。」

Bさん 「確認ですが、その特許法第49条に記載された理由以外では出願を拒絶できないということですね。」

先生 「そのとおりです。審査官が拒絶理由を発見した場合、特許拒絶査定がすぐにくるわけではありません。審査官は、まず、拒絶査定する理由がある旨、連絡してくれます。これを④拒絶理由通知といいます。つまり、審査官が実体審査の結果、特許出願が特許要件を満たしていないと判断した場合、出願人に対し拒絶する理由が通知されるわけです。」

Bさん 「拒絶理由通知が来たらそれで終りですか。」

先生 「勝負はそこから始まるといってもよいのです。
　拒絶理由通知に対して、出願人は審査官の判断に反論する書面を提出することができます。これを意見書といいます。意見書と同時に、補正書という

書面を提出して最初に提出した明細書の記載を修正することができます。このとき特許請求の範囲を縮小したりすることもあります。」

**Bさん**　「審査官は、こちらの反論や補正をきいてくれるのですか。」

**先生**　「こちらの反論が合理的なものであれば、意見書で述べた反論を受け入れてくれます。また、一定の条件を満たした補正書の内容はみとめてくれます。」

**A君**　「意見書には、どのようなことを書くのですか。」

**先生**　「それを説明するためには、審査官がどんなことを言ってくるのか、それを先に説明しておく必要があります。
　一番頻度の多い例を説明します。
　『出願された明細書に記載されている発明は、次に記載した文献に基づいて容易に発明することができたものであるから特許することはできない』と言って、3から4件程度の文献を示してきます。これらの文献を引例ともいいます。
　そこで出願人側は、これに対して、本発明は提示された引例からは容易に発明できないこと。さらに、これら引例からは予想もできないような優れた効果が得られること等を述べ反論するのです。」

**A君**　「これらの内容を上手に文章にまとめるのは、それなりの経験が必要でしょうね。」

**先生**　「それはそうです。私が見たことがある意見書で一番短いのは半ページのものでした。『審査官殿の挙げられた引例には審査官が述べておられるようなことは記載されていません。すみやかに特許査定をお願いいたします。』と言った内容でした。これは例外的に短いものですが、これを見たときには驚いたり感心したりしたものでした。」

**A君**「そんなので特許査定されたのですか。」

**先生**「特許されています。意見書は、通常3から5ページ程度書いているようです。長ければよいと言うものではありません。いかに審査官を納得させることができるかにかかっています。」

**C君**「弁理士先生のなかには、素人である依頼人の評価を意識して、やたら長く書く人もいるのと違いますか。」

**先生**「それはあるかも知れません。審査官が言ってきた内容を最初にまるでコピーしたかのように記載してページ数を稼いでいるのもあります。しかし、ここでいっておきたいことは、いくら長く書いても反論の内容が悪ければだめということです。
　審査官が補正書と意見書をみた上で、OKと判断すれば⑤特許査定が行なわれます。

**Bさん**「ここまでくれば、一安心ということですか。」

**先生**「はい、やれやれということです。特許査定を受けた出願人は規定の期間内に特許料を納付します。これが⑥特許料の納付です。その後、特許庁では特許権の登録が行われ、願書、明細書などが特許公報に掲載されます。
　従来は、これで一件落着と言えたのですが、平成26年特許法改正で特許異議の申立ての制度が新設されましたので、出願人は特許異議の申立てがあった場合には、これに対する反論を提出する必要があります。なお、特許異議の申立てに関しては、テキストの第8章に説明してありますのでそちらを参照して下さい。」

**Bさん**「ところで、審査官が補正書と意見書を見た上で、この発明は、やはり特許できないと判断した場合にはどうなるのですか。」

**先生**　「審査官がだした拒絶理由が解消しない場合のことですね。審査官は⑦拒絶査定をだします。出願人が、この拒絶査定をくつがえすことはできないと判断した場合には、これで終わりになります。

　しかし、出願人が拒絶査定に納得できない場合には、拒絶査定不服審判を請求して、審判官の判断をあおぐことができます。」

**C君**　「その審判の結果に不服がある場合に打つ手は、あるのですか。」

**先生**　「知的財産高等裁判所に訴えることができます。この裁判の結果に不服がある場合には、さらに最高裁判所に訴えることができます。ここから先はありません。特許庁の審判と合わせて、3回まで不服申立ての機会があるわけです。」

**C君**　「話が少しかわりますが、審査官は間違った判断をすることはないのですか。」

**先生**　「間違いをすることがあります。そのため、審査の上級審である審判で審査官の判断が覆されることがあるのです。拒絶査定不服審判といいますが。」

**A君**　「それは、本来、特許査定をすべきものを間違って拒絶査定したケースです。逆のケース、つまり特許査定してはいけないものを特許査定したケースもあるのでしょう。」

**先生**　「なかなか鋭いですね。そのようなケースもあります。このようなものは、無効審判によって無効とされます。

　私の懇意にしている弁理士さんは、特許庁で審査官をしていたころの話を時々されますが、ある時には、同じケースで同じミスを2回続けてしまい、いやになり、特許査定にしたことがあるといっていました。こんなことがあっ

てはいけないのですが、間違いをしない人間なんていませんから。
　これも無効特許が存在する理由かもしれませんね。」

**A君**　「アメリカなんかはどうなのですか。」

**先生**　「私が、アメリカの弁護士から聞いているところによりますと、アメリカの特許権が無効になる割合はかなり高いそうです。」

## 質問3．会社内で発明が生まれたとき、その発明を出願しないで秘密情報（ノウハウ）として管理すべきか、それとも特許出願すべきか、考え方を教えて下さい。

**先生**　「この判断をするにあたって考慮すべき観点としては次のようなものが考えられます。

　先ず、自社の発明を他社が模倣することを排除するためには、特許出願をして特許化することが必要となります。特許権の本来的な排他機能を求める場合には、特許出願しなければなりません。」

**A君**　「他社による実施を妨害するためには特許化が必要ということですか。」

**先生**　「その通りです。

　さらに自社の発明を特許出願しないで、いわゆるノウハウのままでおく場合、他社が同じ内容の発明を完成して特許にしてしまうということも起こりえます。この場合、他社の特許権の排他権がはたらいて自社が実施できなくなってしまいます。つまり自社の事業化の自由を奪われることになります。」

**C君**　「他社が同じ発明を完成して特許を先にとっても、先使用権を主張することができるという説明をきいたようなきがしますが。」

**先生**　「確かにそのような説明を講義でしました。しかし、現実には、先使用権の主張を利用できるケースは少ないのです。この点については後ほど詳しく述べますが、それより前にお話しておくことがあります。」

**A君**　「先使用権の主張よりも、他に対抗手段があるのですか。」

**先生**　「自社で特許出願をためらっているうちに、競合他社が同じ発明を独自に完成して特許出願し権利化してしまうことがあります。そうなると、そ

の他社特許をつぶす、つまり無効にするというのが先ず考えられる目標となります。

　しかし、私の経験を申せば、他社の特許権を無効審判でつぶすには、自社の特許を出願するより30倍から100倍の時間やコストが必要となります。他社に邪魔な特許をとられる前に、自社で特許出願しておく方がよほど安上がりなのです。」

**A君**　「先使用権の主張は、それほど使えないということのようですが。」

**先生**　「先使用権の主張をするためには、自社で発明しただけではなく、その発明を先に事業に使用していることが前提となります。

　しかも、先使用権の主張には色々の証拠を集めて、これらを基に先使用権の存在を立証しなければなりません。さらに、先使用権が認められるとしても実際に自社で実施している範囲だけが認められるのであって限定的なものです。他社の特許権の全ての範囲に認められるのではありません。仮に、先使用権の主張が認められても窮屈なものです。

　したがって、結論から言うと先使用権を初めからあてにするようなやり方は賛成できません。」

**C君**　「そうするとやはり、自社が自由に事業をおこなえる領域を確保するためには特許出願が必要ということですか。」

**先生**　「他社の事業を妨害することよりも、自社が自由に事業をできる領域を確保するために特許出願するのだというと考え方です。」

**C君**　「しかし、もともと特許というのは発明を独占して他社の実施を妨害するためのものではないのですか。自社でその発明を実施しようがしまいが関係なく、他社の実施を妨害するためのものだと思います。」

**先生**　「そのように考えている人も沢山います。ところで、特許権を排他的

に活用する場合に、特許出願に際して考えておくことがあります。」

C君 「それはどういうことですか。」

先生 「発明を特許化し、この権利を行使して他社の実施を排除するためには侵害訴訟をおこすことが必要になります。そして、侵害訴訟では、相手が侵害行為を行っていることを立証することが要求されます。この段階で、侵害事実を立証することができないと、結局は侵害訴訟に勝つことができません。」

A君 「特許権を持っていても相手の侵害を裁判所で立証できないと、特許権は役に立たないということですか。」

先生 「その通りなのです。
　そのため、相手方が自社の特許発明を実施している事実を立証することができるのか、できないのかが訴訟上の重要な問題となります。
　つまり特許権を侵害している相手方の実施の事実を立証することが困難な発明は、特許化しても排他権の行使が難しいということになります。」

A君 「それでは、他人が実施していることを立証することが難しいような発明は特許出願しても役にたたないということですか。」

Bさん 「そのような発明が社内で生まれた場合どうしたらよいのですか。」

先生 「特許出願はしないで、自社のノウハウとして保存するのがベターということになります。」

Bさん 「そのような例を教えてください。」

先生 「例えば、『特殊合金の製造方法で、600℃で10時間加熱し、その後、

1時間に50℃ずつ温度を下げて200℃にし、次に1時間に20℃ずつ温度をさげて常温に戻す』というような発明があったとして、このような発明は、他人が実施していることを立証することが難しい発明といえるでしょう。」

**C君**「それでは特許権侵害を発見しやすい発明の例としてはどんなものがありますか。」

**先生**「市場で購入して調べることができる物の発明です。例えば、電気釜、電気冷蔵庫など色々あります。このようなものは内部の構造を調べることが容易です。」

**A君**「これまでのお話をまとめると、先ず、自社の自由な実施を確保するためには発明を特許出願したほうがよい。さらに、他社の実施を排除するためにも特許出願したほうがよい。ただし、侵害訴訟で相手の実施を立証しにくいようなものは出願しても余り意味がないということでしょうか。」

**先生**「その通りです。
　特許出願をするときには、他にも考慮すべきことがあります。それは特許権が特許出願から20年で権利がきれてしまうと言うことと関係しています。
　これよりも長い期間、自社の発明を独占実施するためには、その発明を特許出願するよりは、ノウハウとして秘密に保持しておいた方がよいというものもあります。ノウハウの場合は、秘密が外部に漏れなければ永久に独占できる可能性があるからです。このような例としてよくあげられるのがコカ・コーラです。」

**C君**「秘密保持が大変難しいと聞いています。」

**先生**「確かにそうです。そのノウハウを秘密に保持するためになみなみならぬ努力が必要になります。
　その昔、ヴェネツィアでは、そのガラス工芸品製作のノウハウを守るため

に職人をムラノ島に集めて仕事をさせたということです。
　わが国でも、昔は、塩の製造、和紙の製造などのため職人を幽閉して仕事をさせたという話もあります。
　ノウハウの秘密を守る体制があれば、その方がよい場合があるということです。」

**A君**　「最近は、インターネットとか転職とかいろいろあって、秘密保持が難しくなっているように思います。」

**先生**　「そのようですね。私のみるところ、日本企業で秘密保持をきちんとやれている企業はあまりないように思います。重役会議の資料が流出することもあります。技術者のリストラ、引抜きなども秘密漏洩の原因となることがあります。
　深刻な話ですが、わが国の一流企業の従業員が退職後に韓国のトップ企業に雇われて日本企業の秘密を漏洩してしまった例を知っています。韓国企業は、多額の報酬を出したようで、住まいを買い替えたり、ヨットを買って楽しんでいる人もいるとのことです。自分が知っていることや、経験したことを話せばお金がもらえるわけで、秘密保持契約もなんのそのというところがあるのです。誠に残念です。
　自社で秘密保持ができないならば、特許出願をしておく必要があります。」

**C君**　「先生の説明を聞いていると、発明を秘蔵するよりは、特許出願すべきであると結論するケースが多くなると思います。」

**先生**　「その通りですね。　現実には、ここまで深く考えず、ほぼ自動的に、どんどん特許出願している会社も沢山あるようにみえます。
　それなりのコストはかかりますが、事業継続のための一種の損害保険と割り切っているのでしょう。」

## 質問４．自社の製品が他社の特許権を侵害しているといって警告状が来ました。どのような対応をするべきでしょうか？

**先生**「警告状が来た場合の対応について、行うべき事柄を順を追って説明しましょう。

大抵の警告状は、内容証明郵便できます。内容証明が来たといって動転してしまう経営者もいますが、ここで冷静になることが先ず必要です。内容証明郵便は郵便の内容と出した日付を郵便局が証明してくれるものであって、後で、言った、言はないで争うことを防ぐことや、郵便を送った日を証明することに目的があるだけのことです。

時効を止める効果もありますが、必ず裁判になるわけではありません。冷静に対応することが大切です。」

**Ｂさん**「内容証明がきたといって青くなっている人をみたことがあります。」

**先生**「手紙が内容証明郵便できたこと自体に、それほど驚く必要は無いのですが。大切なのは手紙の内容です。

大抵の警告状には、10日以内にしかるべき返事が無いときは、法的手段に訴えるなどと脅し文句が書いてあります。」

**Ｂさん**「10日以内に返事ができないときは、どうしたらよいのですか。」

**先生**「警告状を受けた者としては、日頃から準備して待っているわけではありませんから、相手が希望しているような実質的に内容のある返事を10日やそこらで出せるわけがありません。ここでも慌てないことが大切です。」

**Ｃ君**「ほっておくのですか。」

**先生**「そうではありません。

これから調査してみるから少しお待ちくださいという返書を出します。それでしばらく待ってくれます。
　相手の意図をさぐるために相手と会ってみることが役立つこともあります。」

**C君**　「調査してから返事を出すと言っておいて、どんな調査をするのですか。」

**先生**　「まず、相手の特許に無効理由が無いかどうか調べるのです。
　具体的にいうと、相手特許と同じ技術分野の先行文献を調査し、相手特許の新規性や進歩性を否定することができる文献をさがすのです。相手の特許を無効にすることができる文献を見つければ成功です。」

**A君**　「相手特許は特許になっている以上、専門の審査官が審査して、特許を拒絶するための先行文献が見つからなかったということです。ですから民間人が調査して相手特許を無効にできるような文献が見つけられるとは思わないのですが。」

**先生**　「そのような先行文献を調査する専門の事務所がありまして、結構役立つ先行文献をもってきます。もちろんお金はかかりますが。
　それから、信じられないでしょうが、特許料の納付を忘れて特許が失効していたということもあります。このような例もありますので、特許庁にいって特許登録原簿を閲覧し確認しておくことも必要でしょう。」

**C君**　「調査の結果、相手の特許権をつぶせるような、つまり、相手の特許発明の新規性や進歩性を否定することができるような、先行文献が見つかった場合どうするのですか。」

**先生**　「相手に、その先行文献を知らせます。」

**C君**　「それで事件が終わるのですか。」

**先生**　「その文献が納得のいくものであれば、相手は黙ってしまいます。私も、何件かそのような先行文献を送って事件を解決した経験があります。このような場合、しゃくなことは、相手側から詫び状や礼状がきた例がないということです。」

**A君**　「探しているような先行文献がみつからず、相手特許をつぶすことができそうも無い場合、どうするのですか。」

**先生**　「相手の特許権をつぶすことができないときは、自社の製品が相手の特許権を侵害しているか判断する作業に入ります。
　この判断が比較的簡単にでき、しかも侵害していないことが結論できそうな場合には、上記の先行文献の調査の前に、侵害しているか否かの判断を先にやることもあります。先行文献調査のコストが必要なくなるからです。
　しかし、通常は、上記調査と並行して侵害の有無を検討します。弁理士に鑑定を依頼することが多いのですが、複数の弁理士に依頼した場合、弁理士間で意見が分かれるケースがあります。日頃から信頼できる良い弁理士の知り合いをつくっておくのが、知的財産部長の重要な役目であるといえます。
　検討の結果、侵害でないとの結論がでた場合には、その旨、相手側に伝えればそれで事件がかたづく方向に向かいます。」

**Bさん**　「しかし、相手側がこちらの意見に納得しない場合もあると思います。その場合には、どうなるのですか。」

**先生**　「いずれ侵害訴訟が始まるでしょうから、その準備をするということになります。」

**Bさん**　「いろいろと調査した結果、自社製品が相手特許権を侵害していると分かったときには、どうするのですか。」

**先生**　「まず、その製品の製造をやめ、市場に出ている製品を引き上げるという選択肢があります。さらに、過去の侵害に対して、損害賠償を支払うことも考えます。」

**A君**　「過去の侵害に対しては損害賠償を支払い、今後の実施については実施料を支払うという選択肢はないのですか。」

**先生**　「相手次第ですが、そのようなかたちで、事件が終了するケースもたくさんあります。ただ、実施料が高めになってしまうでしょうね。」

**A君**　「相手との話合いがつかない場合にはどうなるのですか。」

**先生**　「多くの事件は、ライセンス契約で終はりますが、お互いに言い分があり、和解できない場合には、裁判になります。裁判の準備、段取りなどについては、専門家に相談してください。予備知識として参考書を読むことは大切ですが、裁判手続きを素人がやることは困難です。
　なお、一言付け加えるならば、裁判になったから必ず判決までいくとは限らないことです。裁判所が和解をすすめることもあります。」

**A君**　「知人の離婚裁判でも途中で和解したという話を聞いたことがあります。」

**先生**　「そうですね。裁判所が和解を勧めるケースもあります。和解すれば裁判官は判決文を書く手間がはぶけます。また上級審で、自分が書いた判決を覆される心配もありません。
　すこし横道にそれましたが。」

## 質問5．他社の邪魔な特許権を無効にする方法を教えてください。

**先生**　「利害関係人は無効審判を請求することができます。したがって、他社の特許権が事業の邪魔になる者は、無効審判を特許庁に請求して、他社の特許権を無効とする道があります。（なお、平成26年特許法の改正で、特許異議の申立ての制度が創設されましたが、これについては本講義第8章で説明していますので、そちらをご覧ください。）

　特許法第123条には、無効審判を請求することができる理由を規定しております。理由は色々ありますが、やはり頻度の多いのは、発明に新規性がない（新規性欠如）、又は、進歩性がない（進歩性欠如）です。したがって、他人の特許を無効にしたい者は新規性や進歩性を否定できる先行文献を探すことから始めることになります。」

**C君**　「特許法第123条には、発明の内容を詳細に記載した特許明細書や特許権の権利範囲を記載した特許請求の範囲の記載がきめられた要件を満たしていないことなども無効理由となるとの規定があるようですが。」

**先生**　「このような理由で無効にしようとしても、現実には、うまくいかないケースが多いようです。やはり、この辺の判断については、一度特許庁の審査官がした判断ということで、これを覆すのが難しいように思います。」

**Bさん**　「他人の特許権を無効にしようとするときは、やはり新規性欠如か進歩性欠如を主張するための先行文献を探し出すということに重点をおくということになりますか。」

**先生**　「その通りです。」

**C君**　「無効審判の手続きはどのようにすすむのですか。」

**先生**　「この特許無効審判手続きでは、利害関係者が、この審判を特許庁に

請求し、特許が無効である理由を主張し、無効理由の根拠となる先行文献を証拠として提出します。

　これに対し、特許権者が反論します。特許権者と審判請求した者との間で論争がおこなわれます。

　その後、特許庁の審判官が両者の主張を検討し、審判請求した者の主張が正しいと判断すれば、特許権を無効とします。特許権者の主張が正しいと判断したときには、特許権は維持されます。」

**C君**　「特許出願を審査した審査官はでてこないのですか。」

**先生**　「特許出願を審査するのは審査官ですが、無効審判を扱うのは審判官です。審査官と審判官は別のものですから間違いのないようにしてください。審判は審査の上級審のようなものです。」

**C君**　「上級審というのはなにですか。」

**先生**　「通常の裁判では、一審の地方裁判所の判決に不服がある場合、一つ上の高等裁判所に控訴することができます。高等裁判は地方裁判所の上級審となります。特許庁では、これにならって審判を審査の上級においているのです。」

**A君**　「最初に出願審査して特許査定をしたのは審査官であるのに、特許無効審判では審査官が意見を主張する機会がないのですか。」

**先生**　「そうです。無効審判の場合には、審判請求者と特許権者との間で争わせ、審判官は相撲の行司のような役をすると考えたほうがよいです。

　ついでですから、一般の民事裁判について少しふれておきましょう。民事裁判でも、裁判官は行司の役をしているのです。裁判官が納得できる主張、立証を出した方の言い分がとおります。裁判官が、いくら勝たせてやろうと思っても、その当事者がキチンとした主張と立証を出してこなければ、勝た

せてやりようがないのです。裁判官はあくまで中立であり、勝負をするのは原告と被告なのです。」

**C君**　「無効審判では、審判請求者と特許権者の両方がしっかりしないといけないということが分かりました。」

**先生**　「ある古い事件ではこんなことがありました、参考までにお話しましょう。
　ある会社が競合会社を特許権侵害で訴えました。訴えられた方の会社は必死になって先行文献を調査したのだと思いますが、特許権侵害を訴えた会社自身の社内技術報に、問題の発明が記載されていることを発見しました。この社内技術報は、その会社内だけではなく関係先にも、いわばＰＲのために広く配布されているものでした。しかも、社内技術報の発行日が特許出願日前でありました。」

**C君**　「その特許は、自社の文献で出願前公知となっていたということですか。裁判の方はどうなったのですか。」

**先生**　「このようなことが判明し、特許無効が明らかとなりましたので、特許権者側つまり訴えた側が訴えを取り下げて幕ということになったと聞いております。」

**A君**　「特許庁の審査官は、問題の社内技術報をみていなかったのですか。」

**先生**　「通常、審査官はそこまではみていないようです。審査官は内外の特許公報を主にみているようです。」

**A君**　「それにしても会社の失態ですね。」

**先生**　「思いもかけないところに先行文献が存在したのです。会社の関係者

も驚いているでしょう。この様な事態が発生したのは、特許出願が遅れたことや、社内の情報管理のやりかたに問題があったということになるでしょう。」

**C君**　「新規性の欠如、進歩性の欠如について具体例で説明していただけませんか。」

**先生**　「新規性欠如と進歩性欠如について、もう少し模式的に説明しましょう。
　先行文献を調査した結果、特許発明Ｐと同一の発明Ａを記載した文献が発見されると、つまり、
　　　　　Ｐ　＝　Ａ
であると、その特許権は新規性欠如として無効になります。これはわかりますね。
　ところが現実には、いくら探してもＰと同一のものが発見されるケースはあまり多くないのです。
　Ｐと同一ではないが、Ｐに近い発明としてＢが見つかったとします。
　つまり、
　　　　　Ｐ　＝　Ｂ
とはいえないのです。
　このような場合、どうするのかということになります。そこで、ＰとＢの間隙をうめるような発明Ｃを探すことになります。
　　　　　Ｐ　－　Ｂ　＝　Ｃ
　調査の結果、Ｃが見つかると、Ｐは、ＢとＣとから容易に発明できると主張することになります。つまり、
　　　　　Ｐ　＝　Ｂ　＋　Ｃ
であり、したがって進歩性を欠如すると主張するのです。これが認められると、特許権は無効となります。」

**A君**　「このような論法で進歩性をくずすことができるのですか。」

**先生**「実際の無効審判の例を調べてみると、3ないし5くらいの先行文献を提示して、これらから容易に発明することができると主張するケースがほとんどです。」

**C君**「審査官は特許審査の段階で、このように複数の文献をあげて、これらから容易に発明できるとする拒絶は出さないのですか。」

**先生**「審査官もこの論法で拒絶をだします。じつは、審査官も複数の先行文献を使って拒絶するケースが圧倒的に多いのです。」

**先生**「さて無効審判の話にもどりますが、相手の特許をつぶすために多数の文献、例えば、30以上の文献を提出してくる事例があります。
　弁護士事務所が代理する事件で、このような例がみられますが、実際に役立つのは2ないし3件なのです。仮に、30件もの文献を合わせないと進歩性を否定できないというのであれば、それは進歩性がある証拠であると反論する余地ができます。」

**C君**「このように先行文献を提出して進歩性の欠如を主張しても、特許権者の側も黙ってはいないでしょう。」

**先生**「勿論です。相手方からの反論が必ずあります。ここで、無効を主張する者と特許権者との間で主張、反論のやり取りがあります。
　ここで、古い事例ですが面白いやり取りがあったケースを紹介いたしましょう。気楽に聞いてください。
　これは、その業界で3番手の企業であるP社とトップ企業のQ社の争いです。P社は、ある発明を特許出願して特許権を獲得しました。Q社がP社の特許発明を検討してみると、この発明は、なかなか有用性の高いものであり、Q社においてもこの発明を実施する場面は十分に考えられ、P社に特許をとられてしまうと将来業務に支障が出てくる恐れがあります。そこでQ社は著

名な弁理士と相談してＰ社特許の無効審判を請求することにしました。Ｑ社は、３件の先行文献を提出し、これら文献を組み合わせることにより、Ｐ社特許発明は当業者が容易に発明できるものであるから進歩性がないと主張しました。

これに対し、Ｐ社は、提示された３件の引例を組み合わせても本件発明の効果を予測することは困難である。本件発明は進歩性があるむね反論しました。

特許庁の審判段階ではＰ社が勝ち、特許は維持されることになりました。

Ｑ社は、この結論に納得できず上級審の高等裁判所に訴えでました。Ｑ社の主張は、特許庁段階でした主張を若干修正したものでしたが基本的には同じ内容でした。

これに対しＰ社の反論は、特許庁段階でした反論に加え、次のような反論を付け加えました。

①Ｑ社がここまで争ってくることは、本件発明が有用性の高いものであることを示唆している。それほど価値のないものであれば、ここまで争ってこないはずである。

②Ｑ社は、この業界のリーダーでありつねに技術革新に取り組んでいる優れた企業である。このような優れたＱ社がこれら３件の先行文献から本件特許の発明をＰ社より先に発明することができなかった事実に注目していただきたい。Ｑ社がこの発明を考え出すことができなかったということは、本件発明がこれらの先行文献から容易に発明できるものではないことを示している。

裁判所での結論はどうなったと思いますか。この裁判の結論はどうなったのかといいますと、裁判所はＰ社の追加反論した部分に着目しＰ社を勝たせました。」

**Ｃ君**　「相手方が発明できなかったのだから、発明は容易ではなかったという論法は、なんだか面白そうですね。」

**先生**　「私の立場で、そのようなことはいえないのですが、そのように広言

しておられる先生方もいます。特許というものはやってみると面白い仕事です。」

**C君**「特許の仕事は入口のハードルが高いと聞いていますが、面白そうな仕事のようです。」

**先生**「さて、もう一つお話しておくことがあります。それは無効審判を請求してこれに勝つと、その特許権は、初めからなかったとみなされます。したがって、過去にその特許権を侵害していたとしても、侵害はなかったことになります。」

**A君**「特許無効が確定した場合、その後は特許権侵害が起こりえないのはわかります。しかし、過去の侵害もさかのぼってなかったことになるのですか。」

**先生**「その通りです。そのため出願から20年経って特許が消滅してからでも、特許無効を請求するメリットがある場合があるのです。」

**Bさん**「無効審判を特許庁に請求して手続をふむのは、なんだかメンドウという場合、もっと簡略な方法はないのですか。」

**先生**「特許実務担当者の間では、内交渉と呼ばれる裏取引がありますが、私はこのやり方はあまり賛成ではないのです。」

**C君**「参考までに、どういうものか知りたいです。」

**先生**「わかりました。簡単に事例で説明しましょう。
　P社はQ社のある特許をつぶしたいと思って色々先行文献の調査を行った結果、その特許の新規性や進歩性を否定することができる先行文献が発見されたとしましょう。

ここでＰ社の知的財産部長が、このような先行文献をもってＱ社の知的財産部長を訪問し、こんなものがあるのだけれど、どうしましょうかと言うのです。

　Ｑ社の知的財産部長は、その文献を受取り、追ってしかるべく返事をすると約束して別れます。

　そしてＱ社内では、Ｐ社から提示された文献を検討し、その結果、その文献が特許無効審判に提出されると自社特許がつぶれるとの判断をしたとします。

　すると、Ｑ社の知的財産部長はＰ社知的財産部長に連絡し、例えば、『Ｑ社としてはＰ社事業の妨げになるような問題特許権の行使を控えることを約束する。』旨の念書を送るといってきます。ここで両部長は合意します。

　以後、Ｐ社は、Ｑ社のこの特許のことを気にする必要がなくなるのです。このようなやりかたを内交渉といいます。」

**Ａ君**　「このようなことが行われるのは知的財産部長同士が知合いの場合ですか。」

**先生**　「知合いのことが多いでしょうね。このあたりは、国の外交と同じで、利害が対立する会社同士でも日頃から付き合っておく必要があるのです。部長同志で会食したり、ゴルフをすることもあります。」

**Ｃ君**　「Ｐ社が提示した文献でＱ社の特許をつぶすことができないとＱ社が判断したときはどうなるのですか。」

**先生**　「その旨Ｐ社に連絡して終わりとなります。」

**Ｃ君**　「その際、Ｐ社としては、やはり、その文献でＱ社の特許をつぶせると信じているときは、無効審判の請求をしてもよいのですか。」

**先生**　「もちろん、無効審判を請求することができます。」

## 質問6．特許情報の調査について教えてください。

**A君**「特許をとるためには、特許庁に特許出願する発明が新規性、進歩性等をそなえたものでなければなりません。そこで、特許出願する発明が新規性、進歩性等の要件を備えた発明であることを出願前に確認しておくことが大切です。そのために特許出願前に特許情報を調査することが必要です。」

**先生**「その通りですが、私に言わせば、それでは少し遅すぎるのです。」

**A君**「それはどういう意味ですか。」

**先生**「せっかく特許出願した発明が新規性や進歩性がないということで拒絶されるようでは、単に特許出願の費用が無駄になるというだけではなく、それまで行った研究活動そのものが無駄になるということです。そして研究費用は特許出願費用より桁違いに大きいものですからこのような無駄を避ける努力が必要です。」

**A君**「それを避けるにはどうするのですか。」

**先生**「研究を始める前に特許情報の調査を行っておくことが大切です。特許情報の調査結果をみて、その上で研究計画を立てるというやり方が良いと考えます。」

**A君**「よくわかりました。さて先行技術を調べるには、何を調べたらよいのですか。」

**先生**「理論上は、地球上のありとあらゆる文献を調べる必要があります。しかし、そのようなことは不可能です。
　そこで、現実には、主要国の特許情報を調査します。」

**Bさん**「新製品売出しの前にも特許調査が必要とききました。」

**先生**「その通りです。新製品が他社特許権を侵害していると大変ですから、他社の保有する特許権を調べるわけです。その他の目的でも特許調査することがあります。

主なものを具体的にあげますと、
1）研究開始の前に研究分野の先行技術の調査を行い、無駄な研究を避けるための調査
2）出願する発明の新規性等についての確認のための調査、
3）新製品売出し、新設備建設などの前の他社権利の調査、
4）邪魔な他社特許をつぶすための先行文献調査
5）技術動向調査

**C君**「1）から4）までに関しては、これまでの講義でお話がありましたが、5）」の技術動向調査とはどういうものですか。」

**先生**「自分が関心を持っている技術分野で特許出願されたものを抽出して、出願された技術内容や出願件数を年代順に整理しますと、
その技術分野で過去にどのような技術が存在したのか、
何が技術課題になっているのか、
今後どの方向に進みそうか、
どの会社が主要参入者なのか、
どこの誰が主要な発明者なのか
など調べることができます。」

**Bさん**「特許調査をすることによって、他社の研究の動向や研究者の名前までわかるのですか。」

**先生**「その通りです。特許情報を調べることにより、競合する他社の研究開発戦略が見えてくるのです。主要な研究員が何をしているのかもわかりま

す。」

**C君**「特許情報には、具体的には、どのようなものがありますか。」

**先生**「特許庁からでている主なものは、公開特許公報と特許公報です。
　公開特許公報は、特許出願内容を出願から1年6ヶ月たったときに全文公開するものです。具体的に説明しますと、出願人の住所、名前、発明者の住所、名前、明細書（このなかには特許請求の範囲と発明の詳細な説明がはいっています。）、図面、要約書などが公開されます。
　特許公報のほうは、特許庁審査官の審査に合格した出願内容を公表するものです。」

**C君**「技術開発の動向を調べるためには、公開特許公報を調査し、特許権の有無を調べるためには特許公報を調査するということですか。」

**先生**「基本的にはそういうことです。
　ただ、特許権の有無を調べるときには、特許登録原簿を調べて権利の存在や特許権者名を確認することが大切です。特許料の支払いをやめて権利が消滅しているものがありますし、又、特許権が移転されて特許権者が変わっていることもありますので。」

**A君**「特許情報は、どのようにして調べることができるのですか。」

**先生**「特許情報は、独立行政法人工業所有権情報・研修館の特許電子図書館や発明推進協会などで調べることができます。」

## 質問7．会社で新設備を建設するときや、新製品を売りだすときの注意を教えてください。

**先生**　「他社の特許権を侵害すると大変なことになることを勉強しました。
　企業が新設備を建設したり、新製品を売り出したりするときには、どのような注意が必要でしょうか。」

**Bさん**　「他社特許のおかげで、建設した設備が運転できないとか、売り出した新製品が販売できなくなるようなことは絶対避けなければなりません。
　そのためには関連分野の特許公報をよく調べることが大切です。」

**先生**　「そのとおりです。私が知っているケースでは、ある一流企業で新設した設備が建設後に他社の特許に抵触することがわかりました。特許権者から特許ライセンスをもらえば、その設備を稼動することができるのですが、話し合いは不調におわり、新設設備が稼動不能におちいりました。その設備を建設した事業部門では関係者の処分がおこなわれたのですが、このような事件をキッカケに、その会社の特許部門が強化されたそうです。高い授業料を払ったわけです。
　工場設備を新設するために設備予算を組むときには、特許権侵害が起きないか否か特許調査をおこなっていなければなりません。」

**C君**　「特許担当部門は大きな責任を負っているのですか。」

**先生**　「そういうことです。しかし、責任があるということは、権限があるということにもなります。
会社内の通常の仕事のやり方から考えますと、新規の設備を建設するためには設備予算の申請書を作り役員会の承認を得ることを申請することになります。このさい申請書の必須合議先として特許部長または知的財産部長を入れておく必要があります。こうすれば特許部長または知的財産部長のハンコがないと設備予算がとおらないのです。

特許部長または知的財産部長は、他社の特許を侵害するような設備の建設を阻止しなければなりません。他方、必要におうじ、他社から特許ライセンスを受ける交渉をしなければなりません。」

**A君**　「新製品発売の際の注意をおしえてください。」

**先生**　「基本的な考え方は、先に述べたと同様ですが、少し説明しましょう。
　まず、新製品を製造するために新設備を建設したときには、先で述べたとおりです。
　しかし、新製品の場合には、その新製品が、他社の特許、特に物の特許に触れないかどうか、を特に注意して、調べることが大切です。
　新製品が他社の特許を侵害するのか、否か、社内で意見が分かれる場合もあるでしょう。このような場合には、弁理士の鑑定を受けることが大切です。弁理士の鑑定でOKがでているということは、社内の説得はもとより、訴訟が起きた場合にも有力な支えになります。」

**Bさん**　「デザインなどは調べなくてもよいのですか。」

**先生**　「これから説明しようとしていたところです。勿論、その新製品のデザインが他社の意匠権に触れないかも調べる必要があります。
　デザインというと工業製品には関係ないのかと思うと、そうではありません。バイクの意匠権侵害でおおきな訴訟がおこったことがあります。工作機械のデザインでも侵害訴訟がありました。」

**C君**　「商標についてはいかがですか。」

**先生**　「新製品に、あらたな商標をつけることがあります。商標権の侵害についても目を配ることが必要です。
　他社の類似する商品が使っている商標と紛らわしい商標は使わないほうが良いと思います。」

## 質問8．実施料の決め方について教えてください。

**先生**「実施料とは、ライセンスの対価のことですが、ライセンス交渉のなかで山場となるのが実施料の決定です。ライセンスを受ける者にとっては、導入する技術がどの程度企業利益につながるのか、不明な部分があり、リスクを低くするために、なるべく安くしたいと考えます。他方、特許権者は、少しでも高くと考えます。」

**C君**「実施料というのは、一般に、ロイヤルティとも云われるものですか。」

**先生**「そうなのですが、一言いっておくことがあります。われわれは、英語のRoyaltyを日本語に直して使っているのですが、これは間違っていると、親しい米国弁護士から指摘されたことがあります。これは、『ロイアルティ』と発音するか、『ローヤルティ』と発音すべきであり、『ロイヤルティ』ではないと言うのです。辞典で調べるとその通りでした。」

**C君**「分かりました。そういえば、似たような話で、Lawyerはロイヤーではなく、ローヤーであると聞いたことがあります。
　ところで、実施料の交渉のときに使える基準というか考え方というようなものがあるのですか。」

**先生**「このような交渉で、よく持ち出される基準としては、大別すると二つあります。すなわち、利益基準法と業界相場法の二つです。
　利益基準法は、ライセンスを受ける者がライセンスされた技術を使用して事業を行ったときに得られる利益額の4分の1の額を対価とするというものです。かりに製品売上高に対する　利益率が20％であるすると、ライセンス対価はその4分の1の5％にするというものです。
　これは、事業を行うには、技術力の他に人材力、資金力および経営力が必要であるから、利益を4分割しようというものです。この考え方は、欧米の人達と交渉するときよく出てくるものです。世界的に理解されているという

利点があります。」

**A君**　「事業を行うとき技術力、人材力、資金力および経営力の四つの力のそれぞれが25％の価値があるとするのですか。」

**先生**　「四つの力が同等とはいえません。従って、4分割法というのはそれほど理論的根拠のあるものでもありません。
　しかし、ライセンス業界ではポピュラーな目安となっています。」

**C君**　「もう一つの基準とは何ですか。」

**先生**　「それは業界相場法です。これは、文字通りライセンス対象技術がその業界で、どのくらいの対価で取引されているかを調べ、これにならうものです。
　発明推進協会では、技術分野毎の実施料のデータを収集し分析したものが、「実施料率」という名前の書物として出版されていますが、例えば、これを参考とするものが業界相場法の一つです。
　他に最近のデータを収集したものとしては、日本知的財産協会が何年かおきに会員アンケートにより業界ごとのデータを集め公表しておられますので、これなども参考にすることができます。」

**Bさん**　「ランニングという言葉をきいたことがあります。これは何ですか。」

**先生**　「ライセンスの対価は、ライセンスを受ける者が対象製品を販売した量に関係なく決める頭金と、ライセンスを受ける者の対象製品の販売量に応じて額が決まるランニングの二種類に大別できます。
　特許権者から見ると、対価の全額を頭金で貰った方が確実ですが、ライセンスを受ける者にすればリスクが大きくなります。結局は、頭金とランニングの組み合わせにすることになります。
　その割合をどうするか、これはライセンス交渉で両当事者が知恵を絞ると

ころです。ランニングは、ライセンスを受ける者の販売量に比例した額を支払うもので、通常は、料率が決められます。例えば、ライセンス製品正味販売額の３％とするとか、ライセンス製品一台当たり300円とするというようなふうに、料率が決められます。」

**C君**　「頭金とランニングの比率をどのようにきめるのですか。」

**先生**　「すでに話しましたように、特許権者としては、全額を頭金として受取ればリスクが低いように見えます。しかし、ライセンスを受ける方からみると、実施の事業の成り行きを見ながら売上高比例の実施料で支払う方が安心です。
　ライセンス契約の交渉では、両者の利害を勘案して頭金と売上高比例実施料との組合せに落ち着きます。それでは、その比率をどうするのがよいかということですが、これは、その製品の商品としての性質によるというのが私の答えです。」

**C君**　「何か具体例で説明してください。」

**先生**　「それでは具体例で説明しましょう。
　ある有名な理化学機械のメーカーの担当者から聞いた話です。そのメーカーの主製品は高価な精密理化学機械であり、１年に３台程度しか売れないものもあるそうです。そのために、その会社がライセンスを受ける場合には、頭金をできるだけ低く抑えるようにしており、その結果、売上高比例実施料が高くなっても構わないそうです。その会社の考え方では、売上高比例実施料が高くなっても販売価格に上乗せすることが可能である。したがって、高い頭金を払った後、その製品の販売ができない場合のリスクを下げることが経営上は大切であるということです。」

**C君**　「頭金を支払って後、その製品の販売が思わしくない場合は、頭金が死に金になってしまうということですね。頭金を低くすることを重視する会

社があるということがわかりました。その反対のケースはあるのですか。」

**先生**　「あります。ある大手商社の担当者から聞いた話です。
　その商社ではインスタントラーメンを一日あたり百万食以上取引しているとのことですが、その商社では、ラーメンの実施料を検討するときには、頭金が少々高くても売上高比例実施料が低い方がよいといいます。とにかく数でこなす商売であるから売上高比例の実施料が低い方が経営的に好ましいというのです。」

**C君**　「なるほど。これらはライセンスを受ける者の考え方ですが、特許権者のサイドからみると、どうなるのですか。」

**先生**　「先にもいったように、確実にもらえる頭金に重点をおきたいです。
　私は、少なくとも、そのライセンス契約を締結するためにかかった諸費用の一切を頭金で回収することが必要であると考えます。ライセンス契約を国際的にやるときには、飛行機代も馬鹿になりません。それに、技術説明のために色々と資料を作る手間もかかります。これらのコストを十分にカバーできる頭金をとるべきです。
　また、別の考え方としては、頭金を高く設定することにより、相手方にプレッシャーをかけることができます。高い頭金を払わされた方は、何とかものにしようと頑張ることになりますので。そうすると販売が伸びランニングの額も増加するということです。」

**C君**　「頭金が高すぎると、相手が逃げてしまわないですか。」

**先生**　「もちろん、そのようなこともあります。ライセンス交渉は魚釣りのようなところがありますね。」

**C君**　「先生、もう一つよろしいでしょうか。特許実施料の交渉で、特許寄与率という言葉がでてきますが、これは何ですか。」

**先生**　「これは少々難しい問題ですから、先ず、具体例で説明しましょう。そのほうがわかりやすいと思います。

　ある発明者がテレビ用の新型液晶パネルを発明したとしましょう。そして、この液晶パネルの特許を出願するときに、特許請求の範囲を『——————からなる液晶パネルを有するテレビ受信機』と記載することがあります。」

**A君**　「発明者が実際に発明したのは新型液晶パネルであれば、特許請求の範囲も『——————からなる液晶パネル』とするべきで、『——————からなる液晶パネルを有するテレビ受信機』というのは欲張りすぎではないですか。」

**先生**　「発明したのが液晶パネルであるのなら、特許請求の範囲も液晶パネルとすればわかりやすいことはたしかです。

　しかし、特許請求の範囲に、『——————からなる液晶パネルを有するテレビ受信機』と記載することが法律で禁止されているわけではありません。現実の世界では、むしろこのように最終製品を記載をしたケースが多くみられます。」

**A君**　「それは何故ですか。」

**先生**　「それは特許権侵害が起きたときに、差止めなどの対処がしやすいという理由があります。

　そのほかに、実施料を計算するときに有利であるという考え方があるのです。」

**A君**　「実施料を計算するときに有利というところがよくわかりません。」

**先生**　「一般に実施料は、製品売上金額の何％という決め方がされるのですが、この値は、1〜7％程度の範囲に落ち着くことが多いようです。

ところで、特許出願人は特許請求の範囲に記載する製品として、できるだけ高価な製品を記載するのです。上の例では、液晶パネルよりはテレビ受信機のほうが高価ですから。仮に、液晶パネルが１万円でテレビ受信機が３万円であるとしますと、実施料を同じ値で計算すると３倍になります。」

**A君**　「わかりましたが、なんだかズルイ気がします。」

**先生**　「そこででてくるのが寄与率という考え方です。上の例でいうと、新型の液晶パネルはテレビ受信機のなかで、どの位の役割をしているのか、どの位の寄与をしているのか、ということを考えるのです。そして寄与の程度を、例えば30％などと決めます。」

**A君**　「わかりました。実施料を計算する際に、テレビ受信機の売上金額に先ず30％をかけ、さらに通常のライセンス料の値をかけて、実施料を計算すればよいのですか。」

**先生**　「その通りです。現実のライセンス交渉では、寄与率をいくらにするかでも色々ともめることがあります。」

**C君**　「寄与率の決定でも難しい交渉があるのですか。何か基準のようなものがあるのでしょうか。」

**先生**　「交渉する際には、上の例で考えると、たとえ、特許請求の範囲で記載の製品がテレビ受信機であっても、液晶パネルの販売価格に適正と思われる％をかけて出てきた数値を基礎として、そこを交渉のスタート地点とするのがよいと思います。」

## 質問9．特許権とノウハウとの違いを説明してください。

**先生**　「ごく簡単にいうと、特許権は、本書で説明したように、発明を特許出願し、審査官の審査を経た上で、国から、その発明を実施する独占権をあたえられたものです。

　これに対し、ノウハウというのは、そのような手続きを経ないで、独占権もない、生まれたままの発明又は考案と考えてよいでしょう。」

**Bさん**　「何かノウハウの定義のようなものはないのですか。」

**先生**　「特許法のなかにはノウハウの定義を規定したところはありません。しかし、不正競争防止法第2条第6項に『営業秘密とは秘密として管理されている生産方法、販売方法その他の事業活動に有用な技術上又は営業上の情報であって、公然と知られていないものをいう。』と規定されています。

　この法律では、営業秘密を技術上の情報と営業上の情報の二つの情報に分けていますが、ノウハウは技術上の情報にあたります。

　誰か、この定義からノウハウとして保護を受けるためのポイントがわかりますか。」

**Bさん**　「ハイ。第1は秘密に管理されていること、第2は事業活動に有用な情報であること、第3は公然と知られていないことです。」

**先生**　「その通りです。条文の読み方がわかってきたようですね。

　ここで、少し説明しておきますと、①秘密に管理されていること、②事業活動に有用な情報であること、および③公然と知られていないこと、つまり公知でないことのこの3条件を満たしたもので無ければ保護されないということです。

　すでに、これまでに③の公知の意義については勉強しましたのでお分かりと思います。②の事業活動に有用であるというのも、その言葉とおりの内容です。

そこで質問なのですが、①の秘密に管理されていることというのはどうゆうことかわかりますか。」

**A君**　「例えば、設計図などにマル秘のハンコをおしておくということではないですか。」

**先生**　「設計図にマル秘のハンコをおすだけで、事務所の机の上にほりだしておいては駄目なのです。その設計図を鍵のかかる引き出しに保管し、責任者がその設計図の出入りを管理する程度のことをしないといけません。そのようにキチンと管理しないと不正競争法上の保護を受けることができません。」

**A君**　「厳秘のハンコでも駄目ですか。」

**先生**　「その通りです。そのほかにも社外秘、極秘、Your Eye Only など色々のハンコがありますが、ハンコを押すだけでは駄目なのです。単に、ハンコを押しただけでは、情報が秘密として管理されているとは認められないのです。
　繰り返しになりますが、ノウハウを記載した書面や設計図などを鍵のかかる引き出しに保管し、責任者がその鍵を保管し、書面や設計図の出入りを管理する程度のことをしないといけません。そのようにキチンと管理しないと不正競争法上の保護を受けることができません。」

**C君**　「不正競争防止法では営業秘密のなかに営業上の情報も含まれていますが、例えば、どんなものがあるのですか。」

**先生**　「営業上の情報の例としては顧客名簿や商品仕入価格表などがあります。」

**C君**　「最近、大量の顧客名簿の不正取得について新聞やテレビで大きく報

道されていますが、顧客名簿は、ここで言う営業秘密にあたると考えてよいでしょうか。」

**先生**　「顧客数1000万件以上という数に驚きましたが、この顧客名簿は不正競争防止法でいう営業秘密にあたるのではないかと私も考えています。
　繰り返しになりますが、ノウハウは、特許権のような手続は不要であり、そのノウハウができたときから、ノウハウとして保護されます。勿論、先にBさんがあげたポイントを抑えていることが条件です。」

**C君**　「ノウハウと特許権と比較したときの優劣はどうですか。」

**先生**　「ノウハウの存続期間は、特許権のように出願から20年というような縛りはありません。ノウハウが公知になるまで存続します。ですから秘密保持ができれば永久ということも可能です。しかし、ノウハウは、できてから1年しか経っていなくても、公知になってしまうと保護されません。」

**C君**　「他には特徴はありませんか。」

**先生**　「ノウハウは、特許権とことなり、排他性はありません。他人が独自に同じノウハウを生み出して使うことを禁止することはできないのです。」

**C君**　「他人が自分のノウハウを盗用し事業に使用した場合には、何か対抗措置を取れるのですか。」

**先生**　「何らかの対抗措置があります。不正競争防止法には、差止請求権や損害賠償権などが規定されています。
　これまでにも説明したことですが、発明が生まれたとき、特許出願して特許権とするか、特許出願はせず、秘密とし、ノウハウとして管理するかは、特許権とノウハウのそれぞれの特質を考慮してきめなければなりません。その特質を表にする次のようになります。」

|  | 特許権 | ノウハウ |
|---|---|---|
| 権利の発生 | 特許庁の審査 | 自動的 |
| 存続期間 | 出願から20年 | 公知になるまで |
| 排他性 | あり | なし |
| 秘密保持 | 不要 | 必要 |

## 質問10. ノウハウの秘密保持契約について教えてください。

**先生**　「先にも説明しましたように、ノウハウというものはいったん公知になってしまうと、誰でも自由に使うことができます。」

**C君**　「例えば、新しい発明が生まれたとき、これを特許にしないで自社内で秘密に保持することもあります。しかし、この発明を自社内で秘密に保持することに失敗して、この秘密の発明が公になってしまうと、誰でもつかえることになるということですか。」

**先生**　「そうなのです。ところで、新しい発明品が生まれた場合、これを他社に紹介してその発明品を売込むことがしばしば行われます。一般的にいって、メーカーは新製品を販売することをいつも考えています。」

**A君**　「メーカーが新しい発明のはいった新製品をユーザーに紹介しようとすると、その新しい発明がユーザーに知られてしまうのではないですか。」

**先生**　「そうなのです。そこで新製品を売込むメーカーとしては、その新製品に使われている発明をまもる必要があります。」

**Bさん**　「まもる必要のある発明を先に特許出願してから、ユーザーに売込めばよいと思います。」

**先生**　「確かにその通りです。しかし、営業上の理由から、特許出願して特許権が与えられるのを待っておれないこともあるのです。また、特許出願になじまないようなノウハウもあるのです。
　しかし、メーカーがまだ特許出願していない発明やノウハウ（これらをまとめて秘密情報ということにします。）をユーザーに教えなければならないことがあるのです。このようなときに、自社の秘密情報をまもるために秘密保持契約が結ばれます。」

A君　「秘密保持契約の中身はどんなものですか。」

先生　「これから順をおって説明しますが、秘密保持契約のポイントは二つあり、一つ目はメーカーがユーザーに教えた秘密情報を他人に漏らさないということ、二つ目はユーザーから教えられた秘密情報を他目的には使用しないということです。」

A君　「他目的というのはどういうことですか。」

先生　「ユーザーは新製品を評価して、これを購入するかどうか判断するために、新製品の提供をうけるわけですから、新製品の評価というのが目的となります。したがって、評価以外の目的が他目的ということになります。」

C君　「そうするとユーザーは秘密情報を評価以外の目的では使わないということを約束するのですか。」

先生　「その通りです。他目的とは例えば、その新製品を分解して発明を理解し、ユーザーが特許出願してしまうようなことがあります。このようなことはしないと約束するのです。」

C君　「秘密保持契約のポイントはわかりましたが、秘密保持契約には、その他に記載することはないのですか。」

先生　「他にも記載することがあります。まず秘密保持除外情報というものがあります。次にあげる情報を秘密保持の対象からはずすのです。
　1）公知の情報
　2）教えられる以前から所有していた情報
　3）（ユーザーが）第三者から受け取った情報
　4）（ユーザーが）独自に開発した情報

これらは、秘密情報をもらう側、上記の例ではユーザーですが、ユーザーを守るためのものです。誰か、その理由がわかりますか。」

**C君**　「公知の情報は誰でも自由に使えるものですから、メーカーがユーザーに教えた情報の中に、公知の情報が入っている場合には、その部分を秘密保持の対象からはずすべきだとおもいます。」

**先生**　「その通りです。ほかには？」

**Bさん**　「メーカーが教える前からユーザーが持っていた情報も、ユーザーが自由に使えるものですから、これもはずすべきです。」

**先生**　「その通りです。ただユーザーとして気をつけなければいけないことは、自分たちが教えられる以前から持っていたということを証明することができなければなりません。」

**A君**　「ユーザーが第三者から受け取った情報については、メーカーからあれこれいわれる筋合いはないとおもいます。」

**先生**　「そうですね。他には？」

**A君**　「ユーザーが独自に開発した情報も、秘密保持義務の対象からはずされるべきです。メーカーから教えられないで独自に開発したのですから当然です。」

**先生**　「確かにそうです。しかし、ユーザーが独自に開発したことを立証するのはなかなか厄介なことだと思います。
　秘密保持契約を結ぶ場合、秘密情報を貰う側にも色々と注意する点があるということです。」

**先生**「秘密保持契約を締結する場合、ほかにも大切なことがあります。それは秘密保持の期間です。契約書に秘密保持の期間が記載されていないと、ユーザーの秘密保持の義務が永久に続くことになり困るのです。」

**A君**「秘密情報を提供する側としては、秘密保持の期間が長い方が安心なのではないですか。」

**先生**「それはそうですが、秘密情報を受ける側としては、期間が短い方がよいのです。両当事者の話合いで期間がきめられますが、私の経験では、短いもので3年、長いもので15年といったものがあります。
　参考までに秘密保持契約書のサンプルを次につけておきます。」

---

秘密保持契約書の例

本契約は、2010年　　月　　日、＿＿＿＿＿＿＿＿＿＿＿＿＿＿＿＿に登記上の事務所を有するAAA株式会社（以下AAAという。）を一方の当事者とし、＿＿＿＿＿＿＿＿＿＿＿＿＿＿＿＿に登記上の事務所を有するBBB株式会社（以下BBBという。）を他方当事者として、両当事者の間で締結され、以下の事実を証するものである。

AAAは、特許された/又は特許されていない＿＿＿＿＿＿＿＿＿＿に関する技術、情報、ノウハウ、フローシート、図面、データ、計算結果及び報告書（これらを一括して「秘密情報」と呼ぶ。）を所有しており、AAAは秘密情報をBBBに対し本契約書の条件で開示する権利を有することを保証する。
BBBは、秘密情報を評価するために受領することを希望し、AAAはBBBに対しそのような目的だけのために秘密情報を開示する。
よって両当事者は以下のとおり合意する。

1．AAAはBBBの求めに応じ、AAAがBBBの前記評価に必要と考える秘密情報をBBBに開示することに同意する。

2．BBBは本契約のもとで開示された秘密情報に関し、本契約の発効日から5年間の期間にわたり、BBBは、
（1）秘密情報を安全な場所に保管し、それを秘密に保持し、いかなる第三者にも漏洩しない。さらに、
（2）秘密情報を前述の評価を実施するためだけに使用し、AAAの書面による事前の許可なしには、いかなる発明、改良又は開発にも使用しない。

3．AAAは本契約の前記第2条の規定は以下の情報には適用しないものとすることに同意する。
（1）本契約によりBBBに開示のときに公知である情報、又は、事後的にBBBの過失によらずに公知となった情報。
（2）本契約による開示のときにBBBが所有しており、かつ以前に秘密保持義務のもとでAAAから取得したものでない情報。
（3）本契約による開示の後に、法律上の所有権を有しBBBに対してそれを秘密にさせる必要のない第三者から受領した情報。

4．BBBは本契約の期間中その従業員を本契約の秘密保持と用途制限規定に従わせるために適切な処置をとることを保証し、その従業員に秘密情報を前記の目的以外に使用させないことに同意する。

5．本契約は日本法を準拠法とする。本契約の変更、改訂又は延長は両当事者の合意によるものとする。

上記事実を証するために、本契約の両当事者は、冒頭に記載した年月日に本契約を調印せしめた。

AAA
署名 _____

BBB
署名 _____

## 質問11．ノウハウを外部に開示する際の留意点を教えてください。

**先生**　「すでにお話しましたが、ノウハウが法律によって保護されるためには、そのノウハウが秘密に管理されてなければなりません。
　したがって、ノウハウを不用意に他人に開示することは厳に慎むべきです。これがノウハウ管理の基本的な考え方です。
　しかし、種々の企業活動のなかで、自社のノウハウを他社の人間に開示しなければならぬ場面があります。」

**Bさん**　「それはどのような場面なのですか。」

**先生**　「例えば、新製品の売り込み、ユーザーによる工場の認定、設備機器の外注、工場の建設、共同研究、見学など色々の場面が考えられます。」

**Bさん**　「このような場面でノウハウを開示するときには、どのような注意が必要なのですか。」

**先生**　「事業をやっていく上でやむなく他人にノウハウを開示する場合、まず、第一に留意することは、その開示の目的を考えて開示するノウハウの範囲を必要最小限の範囲にとどめることです。外科医が手術をしている場面をテレビなどで見る機会がありますが、身体の手術する場所以外はきちんとカバーされています。ノウハウの開示をするときにも、あのような考え方で取り組めば良いのです。そのときどきに、開示の目的をよく考えて、これは要るが、あちらは要らない、といったようによく検討することが大切です。」

**Bさん**　「具体例で説明していただきたいのですが。」

**先生**　「それでは順をおって具体的に説明することにします。
　まず、新聞発表、カタログ配布、学会発表についてお話します。
　新製品を開発してこれを新聞記者に発表し、カタログを一般に配布する場

合、研究成果を学会で発表する場合があります。これらの場合には、不特定多数の他人に内容を公表することになりますので、個々に秘密保持契約などを締結することはできません。」

**Bさん**　「このような場合には、発表内容を工夫するのですか。」

**先生**　「そうなのです。このようなときには、発表内容を必要最少限にするほか、できれば発表内容を事前に特許出願しておくことが大切です。

　これらの中で特に注意が必要なのは、学会発表です。研究者の中には、得意になって、予定していなかったことまで喋ってしまう方がいるようです。また、質疑応答のときでも、質問者がベテランの場合には、壇上の研究者がイエスかノーをいうだけで、だいじなノウハウを探り出してしまうことがあります。

　学会発表では、最新の成果を発表するのが建前なのですが、取れたての成果を発表するのは大変危険です。

　大学の先生の場合は、一刻も早くということがあるのかも知れませんが、企業の研究者の場合には、事前に社内において色々な角度から検討し、特許出願も済ませたものを発表するのが常道といえるのではないでしょうか。

　ある中小企業の研究者が、特許戦略を十分検討しないで、新たに発明した録音方式を学会に発表したところ、他の企業に、その方式の周辺の関連する特許権を取られてしまい、その後、その中小企業が自社の発明を軸に事業展開するにあたって苦労したという話をテレビ放送でみたことがあります。」

**Bさん**　「学会発表が要注意ということがわかりました。しかし、発表者としては心置きなく討論したいのではないでしょうか。」

**先生**　「私も若い頃は、学会に出席するのが楽しみで、いろいろ余計なことも喋ったかも知れません。しかし、会社の知的財産部としてはそのような自由を認めるわけにはいかないのです。」

**A君**　「学会発表は要注意ということですね。
　次に、新製品の売込みの際の注意について教えてください。」

**先生**　「新製品を開発し、これをユーザーに売込みをする場合ですが、これは大変です。『お客様は神様』とかで、ユーザーは、色々と無理な注文をつけてきます。秘密保持の契約にサインして下さいとお願いしても、それなら要らないとくるのです。
　新製品の売込みの際には、技術担当者と営業担当者が一緒になって、他社を訪問するケースが多いのですが、営業担当者は目先の手柄をあせり、何でも相手のいうままに技術者に喋らせようとすることがあります。」

**C君**　「客先の質問にはできるだけ答えるようにしたほうが、営業につなげるためにはよいとおもいます。」

**先生**　「その意見も一理あるのですが、相手は色々聞きだした上で、自社名義で特許出願してしまうようなケースがよくあるのです。私も会社時代にそのようなケースを何度も経験しております。」

**C君**　「一流企業でもそんなことをするのですか。」

**先生**　「私が経験したのは、すべて一流企業です。
　このほか、工場認定と称して、工場を覗きに来ることもあります。」

**A君**　「そのような場合どのようにするのがよいのですか。」

**先生**　「このようなケースに対処するためには事前に特許出願を完了しておくことが大切です。
　その上で、ユーザーに丁重に対応するのです。
　このような問題の処理について、パネルディスカッションの席で、有名なドイツ人の弁護士と話をしたことがありますが、彼も同じ考え方だといって

いました。」

**A君** 「もう少し具体的なことをお聞きします。訪問先で、デリケートな内容をどのように説明すればよいのですか。」

**先生** 「さて現実にユーザーを訪問し、新しい情報を説明する際には、当然、口頭説明が中心になるのですが、説明する事項を書面にしておき、それに添って説明するのが、安全です。こうすることによって、相手にもわかりやすく、しかも、余計なことまで喋らずにすむのです。
　その上、説明の後で、相手から、その書面のコピーに受領のサインを貰っておけば、あとで、争いが生じたときに、何年何月何日の説明会で渡した書面に書いてありましたと主張できるのです。」

**C君** 「ユーザーを泥棒扱いするのですか。」

**先生** 「そういうわけではありません。しかし、先にも言いましたように、一流会社の中にも、相手から聞き出した情報を自社で特許出願してしまう会社があるのです。
　そのほか競合するメーカーに情報を漏らして、価格競争させるユーザーもあります。
　取引の場で弱い立場にある者が、企業秘密の防衛策に気を配るのは当然といえば、当然です。
　営業の担当者はユーザーの機嫌を損ねないように気を使うのはわかりますが、そのために会社の大事な知的財産権を横取りされるようなことになると大きな損害となるのです。」

**C君** 「設備機器や工事の外注のさいにも、問題があるのですか。」

**先生** 「そうなのです。製造現場の工程を変更するために新規な設備機器を外注したり、新製品製造工場のために設備を発注したり、新設備の工事を外

注する場合です。

　これらの場合には、外注先と取引契約を結び、こちらから開示した情報について、秘密を守り、こちらの注文に応じるとき以外にはその情報を使用しない旨の約束を取り付けておくことが必要です。

　さらに、打合せの際、業者に渡した資料については受領書を貰っておくこと、また、双方からどのような提案がなされたか判るような議事録を作っておく必要があります。」

**A君**　「どうしてですか。」

**先生**　「業者は、一つの会社で成功すると、似たような会社を探して第二、第三の受注につなげようとするものです。

　この場合も、新しいアイデアが出た段階で、事前に特許出願しておくことが、最大の防衛になります。」

**C君**　「共同研究の打合せでも、注意が必要なのですか。」

**先生**　「最近は、一社だけで新製品を開発することが難しくなり、同業同士で共同開発に取組んだり、メーカーとユーザーとが共同開発に取り組んだりすることが多くなっています。このような共同開発や共同研究の可能性について、二つの会社が話合いを始める場合、それら会社間である程度の秘密情報のやり取りがおこります。

　この場合にも、これまで述べてきましたような注意が必要です。」

**C君**　「見学者が来訪するときにも注意が必要とのことですが。」

**先生**　「その通りです。

　地元関係者、業界関係者、学会関係者など色々の人々が、見学にやってきます。それぞれに、色々の関係があり、一概に、見学お断りとは参りません。ここでも、秘密保持契約にサインして貰うことが大切ですが、基本的には、

こちらが見せたいところだけを見せ、見せたくないところには案内しないことです。

　見学者が、付き添いもなく、一人で歩き回ることをさせてはいけません。同業者の場合には、計器板をチラッと見ただけでも、色々のことを感づいてしまいます。

　本当は同業者の見学を断るべきですが、やむを得ぬときには、こちらも相手工場を見学させて貰うことを条件にすることです。」

**C君**　「これまでは自分の方が情報を開示する際の注意事項をお話していただきましたが、自分が相手から情報の開示を受ける場合の注意はありますか。」

**先生**　「これまで情報開示する者の立場で、最小限の開示ということを言ってきました。

　しかし、情報開示を受ける側にとっても、最小限の開示がよいのです。余計なものは貰わないほうがよいのです。なぜかといいますと、開示者の方からは、秘密保持その他の色々な条件を課せられ、自社の活動が不当に制約されることが無いとはい言えないのです。」

**C君**　「何か具体例があるのですか。」

**先生**　「以前こんな話を聞きました。日本の名門企業の役員一行が、新設備を建設するのに、どの型のものが良かろうかということで、ヨーロッパの会社を見学したのですが、結局、そこには頼まず、自社で建設することにしました。ところが、見学した会社からは、後に、ノウハウを盗用したとして訴えられることになってしまいました。日本企業のほうは、自社の技術でやったというのですが、どちらのいい分が正しいのか、知るよしもありません。はじめから余計な訪問をしなければよかったのです。

　さらに別の例もあります。たまに海外出張に出してもらった技術者が、はっきりした目的もなく、いくつかの会社を歴訪し、それぞれのところで何かし

ら書類にサインさせられた上で、沢山の技術資料を貰ってくることがあります。こんなことはすこぶる危険です。当の技術者は沢山のお土産ができたと喜び勇んで帰ってくるのですが、教えられた範囲が広ければ広いほど、こちらの自由度が小さくなると考えるべきです。秘密保持契約のところで説明したことを思い出してください。」

**A君** 「ノウハウの開示は、開示するときも、開示されるときも最小限がよいということですか。」

**先生** 「そのとおりです。」

## 質問12. 共同研究を行う場合の留意点を教えてください。

**先生**　「会社同士が話し合いで共同研究を始めることになった場合、研究の分担とか費用の分担などについては、通常、それほどトラブルは起きません。しかし、共同開発成果の帰属に関してはよく問題が生じます。共同研究の契約のときは、友好的なムードではじまるのですが、研究の成果がでてくると争いが生じることがあります。」

**A君**　「帰属というのはどういうことですか。」

**先生**　「共同開発成果の所有者をきめることです。成果のこの部分はP社のものとし、あの部分はQ社のものとし、残りは両者共有とするといったことです。」

**A君**　「わかりました。」

**先生**　「そこで、ここでは、共同研究成果の帰属に絞って説明することにします。共同研究の契約ができて、いざ共同研究を始めてみると、共同研究成果の帰属で争いが生じることがよくあります。
共同研究に関連する全ての成果を両社共有にすると決めておけば、それほどの争いは生じません。

　しかし、現実の共同研究では、各社の技術的貢献度や資金的貢献度などに差がある場合がおおく、全ての成果を半々の共有にすると不当な結果になってしまうことがあるのです。そこで、各社の貢献度に応じた成果の配分を考えることになります。

　例えば、共同研究でP社が単独で得た成果はP社のみに帰属させ、Q社が単独で得た成果はQ社のみに帰属すると決めることがあります。しかし、このような取決めをすると、共同研究が始まってから深刻な争いが生じることがあります。」

**C君**　「そのような取決めは理屈に合っているように思いますが。」

**先生**　「この考え方そのものは別に悪くないのですが、このルールを現実に運用しようとすると難しいところがあるのです。
　実例で説明しましょう。Ｐ社とＱ社とで共同研究を始めた後、Ｐ社の技術者がある研究成果を出し、これは自分が単独で考えついたものであるからＰ社のみに帰属すると思いこみ、Ｐ社単独の名義で特許出願してしまいました。
　しばらくたって、Ｑ社の技術者は問題の特許出願がＰ社単独の名義でされていることを特許の公開公報で知ります。そこでこの技術者はＱ社の知的財産部に相談に来て、その成果については自分も関与していると主張しました。Ｑ社の技術者は、何年何月何日の打合わせの席で、自分が提出したデータがＰ社の問題の特許出願に記載されているというのです。
　このような問題が発生すると、技術者同士のあいだに相互不信が生じ、共同研究がうまく行かなくなります。」

**C君**　「それはどういうことですか。もうすこし具体的にお願いします。」

**先生**　「たとえば、技術者間の討論は形式だけになり、自社がもっているデータを隠したり、よいアイデアと思われるものも教えなかったりするのです。こうなると共同研究は駄目になってしまいます。」

**C君**　「このような問題を未然に防ぐ方法があるのですか。」

**先生**　「わたくしも、このような問題に遭遇したことがありました。そしてこのような場合の処理のルールを決めておくことにしました。私が考え出したルールは下記のようなものです。

1）Ｐ社の技術者とＱ社の技術者が、同一の場所で一緒に作業を行った結果得られたものは共有とする。

場所は、P社の工場内であっても、Q社の研究所内であっても、その場所はどこであってもかまいません。両社の技術者が一緒に討論したり、実験したり共同で作業をしている場合に適用します。
　2）P社の技術者が、Q社から貰ったデータなどの情報を利用して完成したものは共有とする。
　3）Q社の技術者が、P社から貰ったデータなどの情報を利用して完成したものは共有とする。
　前記の2）と3）は、P社の技術者とQ社の技術者が別々の場所で作業をしているが、ときどき、出会ってデータなどの情報を交換している場合があてはまります。」

**C君**「そのルールができてからは、うまくいきましたか。」

**先生**「このルールをきめてからは、その共同研究はうまくいき、10年以上続きました。」

**A君**「先生がはじめに話されたように、いずれかの会社の技術者が、単独の成果であると思い込み単独で特許出願してしまったような場合、相手方はどうしたらよいのですか。」

**先生**「このような場合でも、まったくお手上げと言うわけではありません。その特許明細書のなかに自社からわたしたデータが記載されているときには、その特許出願を両社の共有に変更するように申し入れるとよいのです。」

**C君**「せっかくよいムードで共同研究を始めても、成果がでてくると欲がはたらくのですか。」

**先生**「共同研究の途中で、思い掛けない良い結果が出たりすると、その成果を個人としても会社としても、これを独り占めにしたいという力学が働きます。単独所有とするか共有にするかで会社の利益におおきなちがいがでる

ようなときには論争が起きることがあります。」

**A君**　「大きな会社と小さな会社が共同研究をするときにも注意が必要でしょうね。」

**先生**　「そのとおりです。
　契約に規定しておけば、それで万全というわけではありませんが、相手方の誤解や横車を防ぐため、できるだけ明確なルールを共同研究契約のなかに規定しておくことが大切です。」

**C君**　「異業種の会社同士が共同研究する場合に、成果の帰属についての争いを防ぐ方法はありますか。」

**先生**　「上に述べた方法もありますが、別の方法もあります。相手方のそれぞれの分担する業種に応じて成果の帰属を割り切って決めてしまう方法があります。
　例えば、次のような規定を設けるものです。
　『本研究によって得られた成果の帰属は、次の各号に定める通りとする。
　１）Xの組成および製法に係わる成果は甲の単独所有とする
　２）Xの使用方法に係わる成果は乙の単独所有とする。』」

**A君**　「そのほかに留意することは無いですか。」

**先生**　「共同研究の成果の取り扱いで、もう一つ注意すべきことがあります。例えば、A社の技術者とB社の技術者が共同研究の進め方について討論したときに、A社の技術者が話した研究の計画や研究のアイデアをB社の技術者がそのまま頂戴して、単独で研究して単独で特許出願してしまう抜け駆けが起きることがあるのです。」

**A君**　「ここで問題にしているのは研究成果ではなく、これからどのように

して研究していくのかという研究の筋道に関するアイデアではないですか。」

**先生**　「確かに研究成果ではありません。しかし、どのようなやりかたで研究してゆくのか、これは研究の担当者にとって重要なものなのです。
　自分が来年からやろうと思っていたのに、ちょっと話したばかりに、相手に先にやられてしまったということなのです。
　このような動きが出てくると研究者同士の討論も疑心暗鬼になり共同でやる意味がなくなります。」

**A君**　「このようなケースが予測される場合、何か対策はありませんか。」

**先生**　「パーフェクトな対策ではないのですが、『共同研究のそれぞれの当事者は、相手当事者のみに帰属することになった成果（特許発明を含む）を無償で実施できる。』ことにすると、上記のような事態はあるていど緩和されます。」

**A君**　「これは会社の事業範囲内すべてでやるのですか。」

**先生**　「とんでもありません。共同研究の対象をカバーする範囲だけです。
　ある国際共同研究契約書に、この種の規定を途中から挿入することにし、その後、うまく行った例があります。」

**A君**　「共同研究はやってみなければ、どのような成果がえられるかわかりません。ですから研究成果の帰属等については、共同研究終了時に別途協議するときめるのはまずいですか。」

**先生**　「駄目です。そのような規定は、すべきではありません。
　そのような規定では、必ず、弱肉強食の結果になります。自社の立場が強いということがはっきりとしている場合には、成果の取り扱いについて曖昧にしておく方が有利なこともあるわけですが、二度、三度とだまされる相手

もいないのではないでしょうか。」

## 質問13. 共有特許権の留意点について教えてください

**先生**「これまでに共同研究に関する留意点などを説明してきましたが、これに関連する事項として共有特許権の問題点についてふれることにします。」

**A君**「共同研究を行うと共有特許がうまれる機会が多いのですか。」

**先生**「そのとおりです。共同研究活動をおこなうと、当事者間で共有する特許権、つまり共有特許権が生まれることが多いのです。」

**A君**「共有の特許権は通常の単独所有の特許権と異なる点があるのですか。」

**先生**「特許権者が二人以上いる場合を共有特許権、あるいは、単に、共有特許といいますが、特許権者の権利行使について何らかの制限がかかる場合があるのです。

特許法第73条に規定されています。まず特許権の持ち分の譲渡ですが、各共有者は他の共有者の同意がなければ、自分の持ち分を譲渡できません。また、自分の持ち分を目的として質権を設定することができません。これは、共有者の一人が自分の持ち分を他の共有者が困るような相手に譲渡することを防止するためです。」

**A君**「共有者の一人Pが持ち分を第三者Rに譲渡すると、他の共有者Qが困ることがあるのですか。」

**先生**「例えば、他の共有者Qが、持ち分の譲渡を受けた者Rと競合している場合などは、Qは困ることになるケースがあります。そのような場合には、他の共有者Qが拒否できる仕組みになっているのです。」

**C君**「他の共有者が困る場合とは、具体的には、どんなケースがあるので

しょうか。」

**A君**　「その特許が製品のコストダウンに寄与する発明の特許である場合など考えられます。」

**先生**　「その通りです。Q社が同じ製品を今までその特許のおかげでR社よりも安価に製造していた場合など考えられます。」

**先生**　「それでは、持ち分の譲渡に関してはこのくらいにして次に行きます。次は、特許発明の実施についてですが、共有特許の各共有者は、他の共有者の同意を得なくても、その特許発明を実施することができます。」

**Bさん**　「共有者Pが特許発明を実施しようとする場合、他の共有者Qは拒否できないのですか。」

**先生**　「その通りなのですが、例外があります。PとQとの間で別段の取決めをしていた場合には、その取決めに従うのです。」

**Bさん**　「その例外のケースとは、どのようなものがありますか。」

**先生**　「例えば、はじめは製品の市場も小さいのでPだけが特許発明を実施し、3年後からQも特許発明を実施するというような取決めはよくききます。」

**C君**　「外国でもそのような規定があるのですか。」

**先生**　「国によって異なっています。
　次に、ライセンスについて説明します。特許法では共有特許の各共有者は他の共有者の同意を得なければ、第三者にライセンスを許諾することができないと規定されています。」

**C君**「PとQが共有する特許権について、Pは、Qの同意がなければ、この特許権について第三者にライセンスを出すことができないということですか。」

**先生**「そうなのです。Qが拒否できるのです。Qがライセンスを出そうとした場合には、逆に、Pが拒否できます。」

**C君**「なんだか不便なことですね。国連の安全保障理事会みたいですね。」

**先生**「これも他の共有者の利益を不当にそこなうことがないようにとの配慮からきています。」

**C君**「なにか具体例で留意すべき点を教えていただけませんか。」

**先生**「わかりました。具体例をみながら一緒に考えてゆきましょう。
　P社は、金属材料のメーカーでいろいろな合金材料を開発する能力があります。Q社は、ゴルフクラブのヘッドを製作する能力があります。
　両社は話合の上で、軽量で飛距離が伸びるゴルフクラブのクラブ・ヘッドを共同開発することになりました。P社はQ社に種々の合金材料を提供し、Q社はP社が提供した合金材料を使ってクラブ・ヘッドを製作しました。1年余りの共同研究の末、満足できるクラブ・ヘッドを完成しました。
　そこで両社は共同名義で新しいクラブ・ヘッドの特許出願することになりました。特許出願の手続きはQ社が担当することになりました。Q社の特許担当者はP社から受け取った新型合金材料のデータと自社のクラブ・ヘッド製作のデータをつかって特許明細書を作成し、特許出願しました。」

**A君**「そのクラブ・ヘッドの特許請求の範囲は、どうなりましたか。」

**先生**「特許請求の範囲は、『アルミニウムを5から7％、バナジウムを3か

ら５％、マグネシウムを３から５％含有し残部チタニウムからなるチタニウム合金を圧延加工してなるゴルフクラブ・ヘッド』というものでした。」

**A君**　「発明は『―――ゴルフクラブ・ヘッド』ということですが、両社はそれで、めでたしめでたしということになったのですね。」

**先生**　「そのようですが、A君は何か意見があるようですね。」

**A君**　「自信がありませんが自分の意見をのべてみます。このような特許請求の範囲の特許では、Ｑ社は同業他社の模倣を排除できますが、Ｐ社が同業他社の模倣を排除できないように思います。」

**先生**　「よいところに気が付きました。特許発明がゴルフクラブ・ヘッドですから、ゴルフクラブ・ヘッドを製作するＱ社の役には立つのですが、Ｐ社のためになることは少ないでしょう。」

**C君**　「Ｐ社は、新しく開発したチタニウム合金を別のゴルフクラブ・ヘッドのメーカーＳ社に販売するためには、Ｓ社がこの特許のライセンスを受けていることが前提となります。
　そして、この特許のライセンスをＳ社に許諾しようとしても、Ｑ社の同意が得られるとは限りません。」

**先生**　「このように、共同開発の結果を共同で特許出願する場合には、いろいろのことに留意しなければなりません。」

**Bさん**　「このような場合、Ｐ社とすればどうすればよかったのですか。合金の特許出願をするのですか。」

**先生**　「そうです。Ｐ社が合金の特許出願をしておけば、Ｐ社の同業他社が模倣するのを防げるからです。

**C君**「Q社が、P社を外して別のところから合金を購入することもできません。」

**先生**「くり返しになりますが、共有特許の取り扱いには注意が必要です。」

**Bさん**「ここまでのところは納得できたような気がしますが、何かもうひとつ事例を説明していただきたいです。」

**先生**「それでは別の事例を説明しましょう。

　D社は、浄水設備用のポンプを製作しております。E社は、浄水場を運営しています。E社は、浄水場の能力を上げる必要があり、D社に高性能のポンプの開発を打診しました。D社とE社は共同して浄水場用の新しいポンプを共同開発することに合意しました。

　1年後、目標とする性能のポンプができ、E社の浄水場でも3ケ月の試験運転がおこなわれました。

　そこで、両社はこの成果を共同で特許出願することにしました。D社のほうで、必要なすべてのデータを持っている関係で、D社で特許出願を担当することになりました。D社の特許担当者は、特許出願の特許請求範囲は、『――――――なるポンプを吸着槽内に設けたことを特徴とする浄水方法。』というものでした。」

**Bさん**「D社の特許担当者が、その出願を担当したのですね。問題はおきなかったのですか。」

**先生**「最初は問題に気が付かなかったのです。しばらくしてD社が共同開発した新型ポンプをE社以外のF社に販売しようとしたところ、E社からクレームがきました。F社は、新しい浄水方法を実施する権利はなく、E社としては、F社に対するライセンスを認めることはできないというのです。」

Bさん 「それで、ポンプの商談はダメになったのですか。」

先生 「D社の営業担当者がE社の本社に出向き交渉をかさねた結果、F社がE社に対し10％の実施料を払えばF社にライセンスを許諾するということになりました。」

Bさん 「共有特許が自分の首を絞める結果になったのですね。」

先生 「共有特許を出願するときはよく考えないといけません。」

C君 「このようなことを避ける方法はあるのですか。」

A君 「共有特許の特許請求の範囲を『————浄水用ポンプ』としておけば、よかったのではないですか。」

先生 「それも一案です。自社の事業内容を考えて自社で実施可能な発明を特許請求の範囲をいれておくことが大切です。」

## 質問14. 大学との共有特許権について留意すべき点を教えてください

**A君**「共有特許には色々と留意する点があるようですが、企業と大学との共同研究によって生まれた共有特許権については、どのような留意点があるのか教えてください。」

**先生**「大学との共有特許権で考えなければいけないことは、大学は企業のように発明を実施する機会がありません。発明を実施できるのは企業だけです。したがって、この点で、大学に対してどのような収入の機会をあたえるのかということが問題になります。」

**A君**「最近は、マグロを養殖する事業を始めている大学もありますが、多くの大学には事業を立ち上げて、そこで発明を実施する機会はないでしょう。」

**先生**「そうなのです。せっかく発明を完成してもそれを実施して利益を上げることができるのは共同研究した企業だけなのです。そのため企業が共有特許の発明を実施したときには、大学に対して不実施補償金という名目でお金を支払うことがおこなわれます。」

**A君**「それは特許法か何かで決まっているのですか。」

**先生**「いや、そうゆうわけではありません。大学と企業の間の契約によって約束するのです。」

**A君**「そうすると、企業は自分が持っている特許権を実施するのに何らかの料金を支払うことになります。」

**先生**「そのような取決めをしている会社が多いようです。」

**C君**　「ライセンスする権利についてはどうですか。大学が第三者にライセンスしてお金を稼ごうとしても、このようなライセンスには企業が拒否権を持っているとのことですが。」

**先生**　「そのとおりです。しかし、これについても大学と企業のあいだで、あらかじめ契約を結び、一定期間後は大学もライセンスを第三者にだせる取決めをしているところが多いようです。
　大学と企業との間で締結される契約は、いろいろなバリエーションがあるようです。このあたりも既存の契約を踏襲するのではなく、担当者が創意工夫をするところです。」

**C君**　「大学の中に、このような業務を取り扱う部署があるのですか。」

**先生**　「大抵の大学にはTLO（テクノロジー・ライセンス・オーガナイゼーション）という組織がありましてそこが取り扱っています。
　企業でいえば知的財産部といったところですが、大学特有の苦労もあると大学のTLOの責任者をしている知人が教えてくれました。」

## 問15. 特許保証についてどういうものか教えてください。

**先生**　「会社で機械などを外部から購入する場合、その機械の品質保証と特許保証を売り手に対し要求することが通常行われています。」

**A君**　「前のほうの品質保証というものについては、われわれが日常の生活で接する言葉ですから、これはわかっているつもりですが、特許保証についてはわかりません。」

**先生**　「品質保証というのは、皆さんご承知のように、販売した品物の品質に問題はなく、万が一、故障などしたときには無償で修理するか、新しいしなものに取り替えます等という約束です。
　これに対し、特許保証というものはどういうものか誰かわかりますか。」

**Bさん**　「その品物がかりに特許発明を用いて生産された品物であったとしたら、その特許は有効に存在しています、という保証ですか。」

**先生**　「特許の有効性の保証ですね。確かに、それも特許保証の一つかも知れません。しかし、通常、特許保証というと第三者の特許に関するものなのです。販売した品物は第三者の特許権を侵害するものではありませんという保証なのです。」

**C君**　「第三者の特許権を侵害するようなものは差止めを受けるおそれがあり安心して使えないということでしょうか。」

**先生**　「そのとおりです。せっかく機械を購入し、新設備を建設したが第三者の特許権を侵害していて差止請求をくらって、その設備を解体したケースがあります。」

**C君**　「そのような場合、その機械の売り手に責任を取ってもらうというこ

とができないのですか。」

**先生**　「それをするのが特許保証です。第三者の特許権を侵害する場合、差止請求のほかに損害賠償請求もあります。」

**C君**　「損害賠償請求というのは、過去の特許権侵害に対する賠償ということだと思います。機械を買ったばかりのときには、考えなくてもよいと考えますが。」

**先生**　「損害賠償を請求されない場合もあるでしょうね。差止請求のほうが被害が大きいこともあります。いずれにしても、このような差止請求や損害賠償請求が起きた場合に機械の売主が保証するのが特許保証です。」

**A君**　「先生、われわれが日常、家庭用に買う洗濯機などにも特許保証が必要なのでしょうか。」

**Bさん**　「特許権侵害が問題になるのは事業としての実施だけですから、家庭内の実施は、たとえ、特許権侵害していても問題とはならないと思います。」

**先生**　「そのとおりです。講義の中でも説明しましたが、業としての実施でなければ侵害問題はないのです。」

**C君**　「機械などの売買のときに特許保証のことを考えなければいけないことがわかりましたが、ノウハウの売買の場合には特許保証のことが議論にならないのでしょうか。」

**先生**　「話があとになりましたが、ノウハウのライセンスをするときにも問題になります。しかも、大変厄介な問題を抱えています。」

**C君**　「それはどういうことですか。」

先生 「話をわかりやすくするために、事例で説明しましょう。
　F社は銅管製造のノウハウを持っており、そのノウハウのおかげで高品質の銅管を製造し販売しています。
　N社は、F社のノウハウを技術導入して銅管製造に乗り出したいと希望しています。そこで、F社とN社の間で技術導入のための契約、つまりライセンス契約の交渉がはじまったとします。この交渉の中で、N社はF社に対して特許保証を要求します。」

A君 「F社のノウハウは公知のものではありませんから、交渉段階ではまだN社にはノウハウの中身がわかりません。そうすると、ライセンスをうけるノウハウが第三者の特許を侵害していないということは判断できません。ですから、N社が特許保証をF社に対して要求するのは当然のようなきがします。」

先生 「そうなのです。N社がF社に対し特許保証を要求するのは当然です。N社には、ノウハウの中身がわかっていないのですから、F社に判断してもらうより方法がありません。」

A君 「かりにF社がノウハウをN社に対し事前に開示するというようなことはできないのですか。」

C君 「そんなことをしたら、N社はノウハウを買う必要がなくなります。」

先生 「ですから、F社としてはノウハウを事前に開示することなどできないのです。」

Bさん 「F社は、ノウハウの特許保証を引き受けないのですか。」

先生 「ノウハウの特許保証をすんなりとは引き受けません。ここで、ライ

センス交渉は暗礁にのりあげてしまうのです。」

Bさん 「F社はどうして特許保証をいやがるのですか。」

先生 「このようなライセンス交渉は世界の市場をにらんだ国際的なものが多いのですが、世界のいろいろの国で、どのような特許権が存在しているか調査することが非常に難しいのです。言葉の問題もあります。一件でも大事な特許を見落とすとえらいことになるのです。そのため、特許保証を与える会社は少ないのです。」

C君 「このようなときに解決する方法があるのですか。」

先生 「まったく解決法がないわけではありません。私が経験した例をこれから説明しましょう。
　ポイントを整理すると、F社はもれのない完璧な特許調査を行う自信がないのです。他方、N社としてはノウハウの中身がわからので、第三者の特許とノウハウの対比検討が不可能なのです。両社の知的財産部長がいろいろと話あった結果、次のような妥協案を編み出したのです。
　N社は、銅管製造に関係する発行済みの特許公報を収集しF社に提供する。ただし、N社は銅管製造を含む広めの技術範囲で特許公報を収集することとする。F社はN社から提供された特許公報を読んで、F社のノウハウはこれらの特許には抵触していないことを確認する。そのうえでF社は、N社の提供した特許公報の範囲内で特許保証を与えるというものです。」

Bさん 「N社が見落とした特許について問題が発生した場合にはどうなるのですか。」

先生 「N社のリスクとなります。」

Bさん 「N社にとっては、大きなリスクです。」

**先生**「それでも、特許保証がないよりはずっとよいのです。それと広めの範囲で特許公報を収集しているのでまず大丈夫ということではないでしょうか。

技術導入する側は、どうしても弱い立場になってしまうのですが、今後、新しい人たちがもっとよい方法を思いつくかもしれません。一般的にいうと、契約交渉というものには常に創意工夫を必要とする現場なのです。」

**C君**「特許保証なしでライセンス契約が結ばれることもあるのでしょうか。」

**先生**「無いことはありません。対象とする技術がある程度の期間使用され実績があるのに、これまで特許権侵害で訴えられたことがないという事実がある場合など、経営トップの判断で押し切ってしまうこともあります。」

**C君**「それはどちらサイドの話ですか。」

**先生**「ライセンスを受ける側が、特許保証を付けないで契約するケースもあれば、ライセンスを出す側が特許保証をつけて契約するケースもあります。両方あるのです。もちろんリスク覚悟の経営判断です。あまりお勧めできませんが。」

**A君**「お話の本筋ではないのですが、契約交渉は創意工夫の現場と言われたのが印象的です。」

**先生**「創意工夫が必要なのは発明の現場だけではないということです。ハーバード大学のビジネス・スクールではそのような勉強をしているようです。」

## 質問16. 中小企業の新製品開発に関して、特許との関連をふくめて留意点を教えてください。

**先生**　「私は、特許に長年携わってきましが、新製品の開発に携わった期間もかなりありますので、新製品開発に関し日頃感ずるところを述べてみましょう。
　特許本体の講義から離れてしまいますが、新製品開発の活動は、特許を抜きにしては考えられないものですから、特許を勉強する方々にとって無駄にはならないと思います。
　多くの中小企業は大企業の下請けを中心にして経営をおこなっています。しかし、これのみに甘んじていると、大企業の都合で突然ほりだされてしまうことがあります。」

**C君**　「それでは、自社独自の製品を持つことが必要というのでしょうか。」

**先生**　「そうです。そのためには、他社が追従できない独自製品を持つことが大切であります。独自製品を持つこと、これが生残りの鍵です。」

**C君**　「そのような独自製品を獲得するために、どのようなことをすればよいのですか？」

**先生**　「いくつかありますが、順に説明しましょう。先ず考えることは、現時点での自社の強み、特に、技術者が得意とする技術分野、および、すでに持っている販売網にかんして自社の強みは何なのか調べます。
そして得意分野に資金、人材を集中することです。強みを生かせる製品の開発に集中するのです。そして、開発した製品を二重、三重に特許でまもるのです。大企業の圧力から守ってくれるのは特許だけですから。」

**A君**　「得意分野のなかにとどまっていると、新製品が出てこないのではないですか。」

**先生**「得意分野の延長線上に新製品をさがすのです。自社が持っている技術力等（つまり、シーズ）と市場が求めているもの（つまり、ニーズ）とが交わるところを新製品開発のターゲットとするのです。」

**A君**「具体的には、どうするのですか。」

**先生**「自社技術の延長線上にある製品分野を拾い上げることから始めます。世の中には色々の製品がありますが、このあたりの製品なら自社の技術や販売網を活用してやれそうだという製品分野をさがしだすのです。」

**A君**「このような作業をする場合、顧客からのクレーム情報も役立ちますか。」

**先生**「その通りです。ある有名な経営者はクレームは宝物である。アイデアの宝庫であるといっています。
　今では、当たり前になっている駅の自動改札機もユーザーとの対話のなかから方向がみえてきて開発されたと聞いています。」

**A君**「市場調査も必要ですね。」

**先生**「そうです。ただ、市場の現状を知るための調査ではなく、市場予測をすることがポイントです。このような新製品が世にでた場合、どのくらいの市場規模になるのか考えるのです。」

**C君**「市場予測は、素人には難しいのでは　ないでしょうか。」

**先生**「やはり専門家の助けをかりることが必要かもしれません。それにはコストがかかりますが。はじめに、新製品開発費用としてどこまでお金を使えるか、予算をたてて、そのなかでやり繰りするのでしょうね。」

**A君**　「市場予測の結果をみて、どの分野に力を入れていくのかきめる際に考慮すべき点はどのようなものがありますか。」

**先生**　「先ず、市場の大きさを見ます。」

**A君**　「市場の大きなものを選ぶのですか。」

**先生**　「反対です。市場の大きなものは大企業が参入してくる心配があります。中小企業であれば、むしろ、市場の小さなものをねらいます。
　例えば、市場規模が年30億円以下とか。そして、その市場で、シェア50％以上を狙えるものを選びます。シェアの順位が4位以下では、まず儲かりません。」

**A君**　「市場規模が年30億円以下で、自社で15億円以上売れるものを狙うということですか。」

**先生**　「私が社長ならば、そうします。私なら、すきま市場（ニッチ・マーケット）をねらいます。ニッチは市場サイズが大きくなくて、大企業が興味を示さないのです。
　かつて私がシリコンバレーで仕事をしていたときに知り合ったある経営者（実は、今ではその分野では有名な人ですが）、半導体の分野で、ニッチ製品ばかりつくって大成功をおさめていました。彼は、市場の大きさが一定サイズ以上になると、その製品から撤退するともいっていました。大企業が参入してくると利益率が下がるといっていました。彼は、売上高よりも利益率に重点をおいているのです。」

**Bさん**　「そのような調査検討の結果、かりに三つの候補が選ばれたとして、それから先はどうするのですか。」

**先生**「三つの候補分野のすべてについて、特許調査をおこないます。
　三つの製品の特許公報を調査するのです。
　そして、他社の特許が沢山でているところは避けます。他社が特許網をはりめぐらしているところに、新参者として入っていくのは競争が激しく成功の確率が低いということです。
　製品ごとの特許網の状況は、特許公報の調査によって行います。このような調査は発明推進協会でやり方を教えてくれます。また、分野によっては特許庁で調査してまとめた資料を買うこともできます。
　特許調査をよくしておけば、無駄な開発に貴重な資金をつかうこともなくなります。」

**A君**「他社の特許網の状況を調べることにより、競争の激しい分野をさけるということですね。」

**先生**「その通りです。大企業が参入してこない分野であり、しかも技術開発の競争が厳しくない分野を選ぶということです。」

**A君**「日本の大企業は、新規事業を計画する際、利益率より売上高にこだわると聞いております。」

**先生**「確かに、その傾向があります。100億円売って利益3億円というのも、10億円売って利益3億円というのも利益に差がないのですが。大きな設備もいりません。」

**A君**「市場サイズが小さいと、大企業が関心を示さず、競争もすくないとのことですが、他にも利点がありますか。」

**先生**「あります。必要とする資金量も少なくてすみ、経営者の意思決定をすばやくすることができます。
　中小企業の強みは、大企業が真似できない動きの早さにあると考えていま

す。小さい魚は、大きい魚よりも速く泳ぐことによって生きているのです。小さな魚が大きな魚と同じ速さで泳いでいたのでは、大きな魚の餌になってしまいます。」

**A君**　「色々の調査検討の末、ある製品をターゲットとして製品開発を進めることに決定する場合、ほかに留意することがありますか。」

**先生**　「繰り返しになりますが、自社でこれまでに手がけた物からかけ離れたものは狙わないことです。ある程度、土地勘の働く分野がよいのです。未知のジャングルに落下傘でおりていくような新事業を避けるべきです。リスクが高いところを避けることです。自社の人材と自社の固有技術や自社の固有市場を利用できるものを選ぶことが大切です。」

**C君**　「自社の固有技術だけにたよると、たいしたものが出てこないこともあるかと思いますが。」

**先生**　「確かに、そのようなケースもあるでしょう。自社によい技術がない場合、他社から技術を導入することを検討することもあります。」

**C君**　「他社から技術導入する場合には、どのようにして調べるのですか。」

**先生**　「独立行政法人工業所有権・研修館や発明推進協会では技術ライセンス可能な特許のデータが蓄積されています。そちらで相談しながら調査することができます。」

**C君**　「そのような形で技術を導入する場合でも、やはり自社の土地勘のある分野ということになるのでしょうね。」

**先生**　「当然です。まったく未知の分野の技術を導入しようと試みても、消化不良をおこすだけです。」

**A君**　「次に、方向を定め開発を始めてから留意することは何ですか。」

**先生**　「すでにお話したことですが、開発成果を特許出願して守ることです。それと、試作品を特定のユーザーに出して反応をみることです。ユーザーの反応をみながら製品の仕様を調節するのです。このような段階では、開発成果を横取りされないように特許出願をきちんとしておくことが大切です。

　新製品の開発で、市場調査や特許出願の費用をなるべく節約したくなるのですが、このような費用は、新製品　開発のための保険のようなものと考えるほかないでしょう。

　私の話は以上ですが、すこし特許の勉強からずれて、開発工学の話になってしまいました。」

**A君**　「特許の講義とは少し方向が違うようにも思いましたが、特許制度が新製品の開発と密接な関係があることが理解できました。」

# 索 引

## 【アルファベット】

INPIT →工業所有権情報・研修館
PCT ルート　89
TLO　193
TTP 交渉　1,13

## 【あ行】

頭金　158
あと知恵　51
アメリカ　7
アンチ・パテント　21
以下　22
意見書　126、130
意匠　2
意匠法　104
引例　131
ヴェネツィア　6、138
宇奈月温泉事件　64
営業秘密　111
営業秘密管理指針　114
エジソン　2、54
演奏権　117
及び　23

## 【か行】

外観類似　109
外国出願　87
開発費用　33
確定日付　81
カタログ配布　173
学会発表　43、173
ガリレオ・ガリレイ　6
カルテル　19
環境技術　36
刊行物記載の発明　42
間接侵害　93
観念類似　109
技術思想の創作　26
技術動向調査　153
議事録　177
共同研究　173、177、180
共同研究成果の帰属　180
業として　25
共有特許権　186
虚偽の事実　112
拒絶査定　126、133
拒絶査定不服審判　126、133
拒絶理由通知　125、130
寄与率　162
勤務規則　84

クレーム情報　200
クロス・ライセンス　33、73
警告状　140
見学　173
見学者　177
研究のアイデア　183
研究の計画　183
原産地　112
権利の濫用　63
権利範囲　57
故意又は過失　97
考案　2
公益上の理由　108
公開特許公報　15、154
工業所有権情報・研修館　154
工事の外注　176
公衆送信権　117
口述権　117
公証人　81
工場の建設　173
工場の認定　173
公正取引委員会　20
公知　44、121
公知の発明　42
公表権　117
公用の発明　42
効力が及ばない範囲　68
コカ・コーラ　138
コカ・コーラの瓶　110
顧客名簿　111、113、164

国際調査見解書　89
固有技術　203

【さ行】

最高裁判所　126
最小限の開示　178
差止請求権　94
産業革命　13
産業上利用可能性　41
産業立法　15
シーズ　200
ジェネリック医薬品　38
ジェファーソン　9、11
事業戦略　75
試験、研究のための実施　68
時効　100
市場調査　200
市場予測　200
自然法則　26
自他商品識別力　108
実施権→ライセンス
実施料　157
実施料相当額　98
実体審査　125、129
実用新案技術評価書　102
実用新案法　101
私的使用　119
氏名表示権　117
周知の表示　111

出願公開　125、128
出願審査請求　125、129
出願の時から日本国内にあるもの　69
受領のサイン　176
上映権　117
上演権　117
上級審　145
称呼類似　109
譲渡権　117
小発明　101
商標　3
商標法　107
商品形態　111
商品仕入価格表　164
職務発明　83
職務発明に対する対価　84
職務発明につき発生する通常実施権　78
侵害か否か　91
侵害額　99
新規性　41、46
新規性喪失　121
新規性喪失の例外　43
新規性の欠如　147
新製品　155
新製品開発　199
新設備　155
新聞発表　173
進歩性　47

進歩性の欠如　147
信用失墜　99
スーパーカブ　110
すきま市場　201
設計データ　113
設備機器の外注　173
先願主義　51
先願性　51
先使用権　135、136
先使用による通常実施権　79
専売特許条例　9
先発明主義　54
専有する　32
専用実施権　76
創作　26
属地主義　87
損害額を推定　98
損害賠償請求権　96
存続期間　37

【た行】

貸与権　117
高橋是清　9
妥当な対価　85
他目的　168
知的財産権　1
知的財産高等裁判所　126
中小企業　199
著作権　115、117

207

著作権支分権　117
著作権法　115
著作者人格権　116
著作物　2、3
著名な表示　111
通常実施権　77
デザイン　104
展示権　117
電子出願　128
同一性　47
同一性保持権　117
盗用　121
登録　125
独占禁止法　19
独占権　10、32
独占的通常実施権　77
特許異議申立て　60、125、132
特許権者　24
特許権侵害　91
特許権侵害訴訟　65
特許権の排他性　34
特許公報　154
特許査定　125、132
特許情報　152
特許請求の範囲　55、57
特許登録原簿　141、154
特許発明　25
特許発明の実施　187
特許保証　194
特許無効審判→無効審判

特許要件　41
特許料　39
特許料納付　125

【な行】

内交渉　151
内容証明郵便　140
並びに　23
ニーズ　200
日本知的財産協会　158
ノウハウ　111、112、135、163

【は行】

排他権　10、32、73
発明　2
発明推進協会　123、154、158
発明特定事項　55、56
発明の公開　15
発明の実施　27
パリ条約ルート　88
頒布権　117
非自明性　48
必須合議先　155
秘密保持　121、139
秘密保持契約　167
秘密保持契約書　170
秘密保持除外情報　168
秘密保持の期間　170

複製権　118
不実施補償金　192
不正競争防止法　111、163
不正取得の介在　113
不正な手段　111
プラス・アルファ　49
プロ・パテント　21
ペコちゃん人形　110
別途協議　184
弁理士　122
弁理士の鑑定　156
方式審査　125
法定実施権　78
方法の発明　28
補償金請求権　17、129
補正書　126、130
翻案権　117
ホンダ　110
翻訳権　117

## 【ま行】

又は　23
松下幸之助　4
未満　22
民法　63
無効審判　61、64、66、136、144
無審査　101
明細書　55、123
若しくは　23

持ち分の譲渡　186
物の発明　28、30
物を生産する方法の発明　28、30

## 【や行】

ヤクルトの容器　110
優先権　88

## 【ら行】

ライセンス　29、74、156
ランニング　158
利害関係人　66
立証　137、138
立体商標　110
利用関係　70、72
リンカーン　8
類否判断　109

## 著者略歴

並川　啓志
（なみかわ　けいし）

1957年3月　大阪大学工学部応用化学科卒業
1965年1月　カリフォルニア大学大学院化学科修了（フルブライト留学生）
1965年4月〜1996年6月　日本鉱業株式会社（現株式会社JX日鉱日石エナジー）に勤務　主任研究員、開発企画部長、知的財産部長、米国子会社取締役、本社理事を歴任
1996年6月〜1998年6月　株式会社ジャパンエナジー・リサーチセンター　常務取締役
1998年9月〜　太陽国際特許事務所に所属

--------

日本ライセンス協会　元会長
工学博士
弁理士

--------

著書：「技術者のためのライセンスと共同研究の留意点」1997年第1版、2001年改訂版、2004年第3版（発明協会）
講演：弁理士会、発明協会など関係団体で講演多数

カバーデザイン
株式会社廣済堂

## モノづくりのための特許の基礎知識

2015年（平成27年）3月10日　初版発行

| | |
|---|---|
| 著　者 | 並川　啓志 |
| ©2015 | NAMIKAWA Keishi |
| 発　行 | 一般社団法人発明推進協会 |
| 発行所 | 一般社団法人発明推進協会 |
| | 所在地　〒105-0001 |
| | 　　　　東京都港区虎ノ門2-9-14 |
| | 電　話　東京　03(3502)5433（編集） |
| | 　　　　東京　03(3502)5491（販売） |
| | ＦＡＸ．東京　03(5512)7567（販売） |

乱丁・落丁本はお取替えいたします。　印刷：株式会社丸井工文社
ISBN978-4-8271-1249-8　C3032　　Printed in Japan

本書の全部または一部の無断複写複製を
禁じます（著作権法上の例外を除く）。

発明推進協会ホームページ：http://www.jiii.or.jp/